COMPTE-RENDU

DU

PREMIER CONGRÈS

DE

L'ŒUVRE

DES

JARDINS OUVRIERS

TENU

A NANCY

LE 25 SEPTEMBRE 1898

GÉRARDIN, NICOLLE & Cⁱᵉ

NANCY	VERSAILLES (Porchefontaine)
19, Rue de l'Équitation, 19	PARIS, 37, Boulevard du Temple

1898

COMPTE-RENDU

DU

PREMIER CONGRÈS

DE

L'ŒUVRE

DES

JARDINS OUVRIERS

TENU

A NANCY

LE 25 SEPTEMBRE 1898

GÉRARDIN, NICOLLE & Cⁱᵉ

NANCY
19, RUE DE L'ÉQUITATION, 19

VERSAILLES (PORCHEFONTAINE)
PARIS, 37, BOULEVARD DU TEMPLE

1898

AVANT-PROPOS

Avant de commencer le compte rendu du Congrès proprement dit, il nous paraît utile de dire quelques mots de l'*Organisation catholique*, établie à Nancy depuis deux ans, qui a favorisé l'établissement de l'*Œuvre des Jardins ouvriers* en notre ville, en a assuré le rapide développement, et a permis de mener à bonne fin le Congrès du 25 septembre.

Cette organisation s'appelle : *UNION CATHOLIQUE*, et comprend pour Nancy dix groupements paroissiaux et deux cercles d'études sociales.

De quels principes s'inspire l'Union catholique ?

Nous empruntons à la *Croix de l'Est*, organe de l'*Union*, les lignes suivantes :

« ... De même qu'il est impossible de séparer l'âme du corps, de même il est impossible de séparer la société civile de la société religieuse. Les catholiques réclament cette alliance dans la liberté de l'Eglise, — les francs-maçons et les prétendus libéraux veulent la séparation des deux sociétés, ou ce qui est pis encore, l'asservissement de l'Eglise à l'Etat.

Entre les deux partis, aucune conciliation n'est possible. Toute la lutte moderne tient dans cette constatation.

Dès lors, qui ne voit combien est accessoire la question d'une forme de gouvernement. — *La grande question, c'est de savoir si la société s'inspirera de la loi chrétienne,* supérieure à toutes les lois humaines, ou si la loi civile sera contraire à la loi religieuse.

Avant tout, les catholiques doivent s'unir contre la législation impie. Il leur est interdit de transiger sur ce point, car la vérité est une, et tous doivent avoir à cœur d'assurer la libre expansion de la vérité. **L'Union catholique** *est donc avant tout une union de défense sociale contre l'erreur.....* »

Les inspirateurs de l'*Union catholique* rédigèrent un court programme résumant les revendications des catholiques, le firent adopter par une première assemblée de 300 personnes, qui s'efforcèrent d'amener à elles leurs amis et leurs voisins. Tout citoyen français qui acceptait de signer le programme était proclamé membre de l'*Union catholique*, sans autre formalité, et sans avoir à verser de cotisation.

Aujourd'hui, chaque groupement paroissial comprend un président, un secrétaire, un trésorier et plusieurs conseillers. Des réunions mensuelles permettent aux membres de se connaître, de s'entr'aider, de s'instruire.

Chaque groupement possède une autonomie complète, et s'adonne aux œuvres qui lui paraissent mieux répondre aux besoins de son quartier. Un lien fédératif unit les uns aux autres les groupements. Quand besoin est, *l'assemblée générale* des comités se réunit et délibère sur la marche à suivre, l'extension à donner aux œuvres, telles que les *Jardins ouvriers*, les *Fraternités* ou Caisses de famille, l'*Union fraternelle* entre les commerçants et les consommateurs membres de l'Union, etc., etc.

Pour la *direction journalière* des intérêts de l'*Union catholique*, l'assemblée a délégué ses pouvoirs à trois des présidents des plus importants groupements paroissiaux. Ce *Triumvirat* s'occupe de l'extension de l'*Union* aux villes et villages du département (120 comités sont constitués hors Nancy). Il s'occupe aussi de maintenir entre les groupements paroissiaux des rapports amicaux, de susciter des dévouements nouveaux, de stimuler le zèle de ceux qui faibliraient. Il a enfin la charge de *diriger les journaux*, dépendant de l'Union, dont ils sont les organes.

La *Croix de l'Est* quotidienne et la *Croix de Nancy* hebdomadaire comptent ensemble plus de 9.000 abonnés. M. DOMBRAY-SCHMITT en est le rédacteur en chef. — L'on étudie en ce moment la création d'un *Bulletin mensuel de l'Union catholique* sous forme de *Revue*.

Le chiffre des membres actifs de l'Union, à Nancy, est actuellement de 2.987. C'est là une force indiscutable. La plupart sont des ouvriers, qui deviennent les apôtres de leurs frères.

Ecoutons ce que disait récemment à ce propos la *Croix de l'Est :*

« Des hommes sont venus récemment, désireux de faire
l'union entre les classes sociales, non pas par des rapports
de protecteur à protégé, mais en constituant des œuvres
où les riches comme les pauvres aient place égale et
influence égale, où l'association libre remplace le patro-
nage.

Et ces hommes se sont adressés avec confiance au
peuple des travailleurs, leur demandant de participer
effectivement à l'action catholique, et d'exercer la charité
entre eux par le moyen de la mutualité.

Le succès ne s'est pas fait attendre. Il y avait à Nancy
surabondance d'œuvres, et pénurie d'hommes d'œuvres.
Aujourd'hui les hommes d'œuvres se comptent par centaines, et les moins connus sont ceux qui font le plus de
bien.

Qu'elle est consolante cette floraison magnifique due à
l'*Union catholique*. Ce qui fait sa force, c'est précisément
qu'elle subsiste par elle-même, par les sacrifices person-
nels que s'imposent ses membres, sans protecteurs. Ainsi
se développe le sentiment d'initiative et de responsabilité
dans les milieux modestes, trop enclins jusqu'ici à se
laisser vivre, sans chercher par eux-mêmes à améliorer
leur sort.

Tous les membres de l'*Union catholique* sentent qu'ils
sont égaux, qu'ils ont les mêmes droits à parler et à agir,
et parce qu'ils se sentent égaux, ils deviennent des frères...
Dans l'*Union catholique*, la fraternité n'est pas seulement une devise, elle est l'acte de tous les jours, et *c'est
ce qui fait sa force.* »

S'il est des circonstances où l'*Union catholique*
doive faire montre de sa force, c'est bien durant
la période électorale.

Les comités paroissiaux forment alors les cadres
d'une *Union électorale*, qui englobe tout le dépar-

tement, peut limiter ses revendications selon les circonstances, faire alliance avec tel ou tel groupe d'honnêtes gens, et facilite ainsi la lutte contre les socialistes ou les sectaires. — Grâce à son concours, lors des dernières élections, il fut impossible aux radicaux de maintenir leur candidat, et la défaite des opportunistes fut presque complète, puisque deux sièges sur trois leur ont échappé.

Pour exercer son action électorale, l'*Union* s'est nettement placée sur le *terrain constitutionnel*.

Nous ne saurions oublier, en terminant cet exposé forcément incomplet, le concours qu'apportent à l'*Union catholique* les *Cercles d'études sociales*, fondés dans les faubourgs par M. DOMBRAY-SCHMITT, et qui sont en quelque sorte les antichambres des groupements paroissiaux.

Les ouvriers chrétiens y invitent leurs camarades indifférents, ou même hostiles, et s'efforcent de les convaincre de la nécessité d'une action commune. Grâce à cet apostolat de l'ouvrier sur l'ouvrier, les cercles d'études voient s'augmenter chaque jour le nombre de leurs adhérents. Le Cercle de Tomblaine a même fondé déjà des *jardins ouvriers*, qui, dans ce quartier populeux vont atteindre un rapide développement.

Et maintenant conçoit-on ce que doit l'*Œuvre des Jardins ouvriers* à une semblable organisation catholique? Avec son aide, il devient facile d'accomplir des merveilles.

La présente brochure, bien imparfaite, contient les rapports et les documents qui ont servi aux études des commissions, le règlement général des jardins ouvriers élaboré par le Congrès, enfin le compte-rendu des séances et l'analyse des discours.

Nous prions nos lecteurs d'user d'indulgence à notre égard, en fermant les yeux sur les défauts de ces pages, pour ne voir que notre désir de leur être agréable en leur envoyant sans retard les échos du premier Congrès de l'Œuvre des Jardins ouvriers.

Le Comité du Congrès des Jardins ouvriers.

L'ŒUVRE EST ÉTABLIE

L'an dernier, le 12 septembre 1897, les membres de *l'Union catholique* de la paroisse Saint-Epvre, sous la direction de son sympathique président, M. le comte Malval, accomplissaient un pèlerinage patriotique au pays de Jeanne d'Arc.

La *Croix de l'Est* et la *Croix de Nancy* ont publié un compte rendu complet de ce voyage.

De ce compte rendu nous extrayons le passage suivant :

« M. Malval propose ensuite à l'assemblée d'établir
« dans la paroisse de Saint-Epvre l'Œuvre des Jardins-
« dins ouvriers. Il explique le fonctionnement de cette
« œuvre, et espère que de généreux donateurs ne tarde-
« ront pas à se présenter comme membres honoraires.
« Il demande la nomination d'une commission composée
« de trois membres chargés de préparer les statuts de
« cette petite société, de chercher les terrains à louer, et
« prie M. Dombray-Schmitt, dont les articles dans la
« *Croix de l'Est* ont beaucoup servi à répandre l'idée,
« d'accepter de faire partie de cette commission.

« M. Dombray-Schmitt y consent. Il est très heureux.
« de voir enfin aboutir un projet qui lui est cher ; il
« espère en outre que plus tard d'autres personnes pour-
« ront faire mieux et plus.

« On procède aussitôt à la nomination de la commis-
« sion.

« **L'Œuvre des Jardins ouvriers est donc**
« **établie à Nancy:** »

Quelques semaines après, plusieurs parcelles
de terrain sont louées et attribuées aux premiers
travailleurs adhérents.

Au commencement de février, l'œuvre compte
environ 60 jardins répartis entre deux groupements : St-Epvre et St-Fiacre, et à la fin de la
première année, un nouveau groupement est
créé à Tomblaine avec 200 parcelles.

Ces trois groupements prennent alors la résolution de se fédérer et d'établir entre eux un règlement commun (août 1898).

Ils décident qu'il y a lieu de tenir à Nancy,
pour l'établissement de ce règlement, un Congrès
des jardins ouvriers, auquel seraient convoqués
tous ceux qui en France s'occupent de l'œuvre.

L'Union catholique de Meurthe-et-Moselle accepte de patronner ce congrès et d'accord avec les
trois œuvres de jardins ouvriers établies à Nancy,
elle adresse alors à tous les directeurs de l'œuvre
établie dans différentes villes de France l'appel
suivant :

Nancy, le 4 septembre 1898.

Monsieur,

En se groupant pour la défense de leurs libertés et la
revendication de leurs droits, les Catholiques de Meurthe-

et-Moselle se sont proposés de fonder des institutions ayant pour but l'amélioration matérielle et morale de la classe ouvrière.

Entre autres œuvres, ils ont établi celle DES JARDINS OUVRIERS.

Le Comité directeur de L'UNION a pensé qu'il serait utile de solliciter, en vue du développement de cette œuvre, le concours bienveillant des hommes zélés qui, dans d'autres villes de France, sont arrivés à de magnifiques résultats.

M. l'abbé Lemire, Député du Nord et Président de la *Ligne Française du Coin de terre et du Foyer*, a bien voulu accepter de présider le Congrès des Jardins Ouvriers, qui se tiendra à Nancy, SALLE POIREL, le Dimanche 25 Septembre.

Nous espérons que vous voudrez bien prendre part à cette réunion, et favoriser ainsi une œuvre si éminemment utile.

Veuillez avoir la grande bonté de remplir le questionnaire ci-contre, et de l'adresser avec vos observations et votre adhésion aux Bureaux de la *Croix de l'Est, 82, rue Saint-Georges, à Nancy*, avant le 18 courant.

Dans cette attente, veuillez accepter l'assurance de notre respectueux dévouement.

LE COMITÉ.

A cet appel est joint :

1° CE PROGRAMME

A 9 heures du matin. — Séance d'ouverture. Lecture des rapports. Examen des questions en trois Commissions : 1° Organisation. 2° Rapports avec les autres Œuvres d'assistance privée. 3° Rapports avec l'assistance publique.

A 11 heures 1|4. — Messe.

A midi. — Déjeuner en commun.

A 4 heures. — Séance générale. — Résultats des Travaux. Projets et vœux. Discours de clôture par M. le Député Abbé Lemire.

2° CE QUESTIONNAIRE

I. — Avez-vous dans votre ville des jardins ouvriers ?

Date de la fondation. Superficie totale. Nombre de personnes composant les familles assistées.

II. — Comment est organisée votre œuvre?

Règlement. Dépenses annuelles. Terrain gratuit ou contre redevance. Graines, outils et engrais.

III. — Résultats obtenus tant au point de vue matériel qu'au point de vue moral.

IV. — Etes-vous soutenus par la Presse?

V. — Etes-vous soutenus par les œuvres d'assistance privée ?

VI. — Etes-vous soutenus par l'assistance publique, ou des subventions de l'administration?

* *

Pendant la semaine qui précède le Congrès, de nombreuses réunions ont lieu à Nancy : par M. le comte Malval à Saint-Pierre et à Saint-Epvre, par M. Dehaye-Zimmermann à Saint-Sébastien et à Saint-Georges, et par M. Dombray-Schmitt à Saint-Fiacre, Saint-Sébastien, Saint-Joseph, Tomblaine et Saint-Georges, dans lesquelles les différents orateurs expliquent comment est née l'œuvre, ses débuts, les premiers efforts de Mme Hervieu, exposent les essais tentés à Nancy et les résultats obtenus. Ils supplient leurs auditeurs de constituer entre eux l'Œuvre des Jardins ouvriers, et pour cela ils leur demandent d'assister aux séances de dimanche prochain. Ils ajoutent que cette œuvre sera bientôt suivie d'une autre : celle des maisons ouvrières.

**

Quelques jours avant le Congrès, M. le docteur Lancry, de Dunkerque, adresse à M. Dombray-Schmitt la lettre suivante :

Dunkerque, 20 septembre 1898.

Cher Monsieur Dombray-Schmitt,

J'ai reçu en son temps votre lettre me faisant part de votre idée de faire à Nancy un Congrès des Jardins ouvriers et m'invitant, dans les termes les plus flatteurs, à vouloir bien y assister. Je ne saurais trop vous féliciter de l'initiative que vous avez prise et vous remercier de votre si gracieuse invitation.

Mais franchement, cher Monsieur, les jardins ouvriers ne se recommandent-ils pas assez par eux-mêmes, leur bonté, leur excellence ne sautent-elles pas aux yeux, même les plus indifférents, avec une évidence suffisamment lumineuse pour qu'il soit bien utile qu'un modeste médecin praticien fasse le voyage de Dunkerque à Nancy pour aller démontrer cette évidence.

Aujourd'hui, à quoi se réduisent les œuvres de charité ?

A des œuvres *d'aumône*. Nous donnons sans cesse, nous donnons toujours à ceux qui sont tombés et nous avons évidemment raison. Mais, là où nous avons tort, c'est quand nous ne faisons rien, absolument rien, pour *prévenir* la misère, pour *empêcher* de tomber, pour aider, pour *assister* ceux qui luttent, ceux qui ont de l'énergie, ceux qui ont de l'initiative.

Nos *œuvres d'aumône* sont innombrables, nos *œuvres d'assistance* sont nulles ou à peu près. Si je me trompe, qu'on veuille bien me contredire *avec des faits*, je serai heureux de reconnaître mon erreur.

Eh bien, depuis quelques années, un puissant mouvement de réaction s'est produit en faveur des *œuvres d'assistance.* Les démocrates chrétiens — ces pelés, ces galeux, d'où vient tout le mal — poussèrent énergiquement à la création des *Caisses rurales* qui rendent tant de services aux petits cultivateurs (1), et à celle des *Jardins ouvriers*, qui sont d'une si puissante assistance pour les ouvriers des villes et des campagnes.

« Messieurs, dirent-ils aux catholiques qui font une large part sur leur budget aux œuvres d'aumônes, voulez-vous compter combien vous donnez chaque année à telle ou telle famille ouvrière à laquelle vous vous intéressez ? Vous donnez facilement en gros sous, en pièces blanches, en secours en nature, dix, vingt ou trente francs. Or, comment est employé cet argent ? Vous êtes les premiers à reconnaître qu'une bonne partie passe chez le marchand de vin. Eh bien, voulez-vous employer votre argent d'une manière plus intelligente, plus productive, plus moralisatrice, plus patriotique, plus sociale et, tranchons le mot, d'une manière *plus chrétienne :* avec votre aumône, louez un petit carré de terre de quelques ares, faites de ce petit domaine un petit jardin que vous donnerez à l'ouvrier, et avec ce jardin qui coûtera quinze francs de loyer, l'ouvrier récoltera facilement pour cent francs de légumes ».

Voilà en deux mots toute l'idée et toute l'économie de l'Œuvre des jardins ouvriers. Tout commentaire pour-

---

(1) M. Dombray-Schmitt a créé de nombreuses caisses rurales qui ont mis à ce jour plus de cent mille francs à la disposition de leurs membres.

rait-il faire autre chose que d'obscurcir cette idée si lumineuse et si géniale dans sa simplicité ?

Mais l'Œuvre ne se recommande pas seulement par elle-même, elle se recommande encore par ceux qui se *sont attelés*, et attelés de toutes leurs forces, à sa réalisation et à sa propagation.

La première qui a fait des jardins est une vaillante chrétienne Mme Hervieu, de Sedan. Elle a commencé en 1889, et d'une manière modeste. Son œuvre compte aujourd'hui au moins 125 jardins.

M. l'abbé Lemire a consacré l'excellence de l'Œuvre de la haute autorité que lui donne une intelligence hors ligne, guidée par une science théologique profonde au service d'un cœur d'or. A son instigation, ses amis se mirent à l'œuvre pour marcher dans la voie où s'était engagée Mme Hervieu.

Ce fut dès le commencement de 1894, M le curé Fourcy, de Montreuil-sur-Mer. A la même époque, la Compagnie de Jésus, se rappelant du reste la manière dont elle avait peuplé et civilisé le Paraguay, se lançait à corps perdu, en la personne du R. P. Volpette, dans la fondation de jardins ouvriers, Et les « Etudes » religieuses sociales et politiques publiées par les RR. PP. Jésuites vulgarisaient l'Œuvre de Saint-Etienne et de ses 150 jardins, par la plume du R. P. Roure. Tout dernièrement, la revue catholique *Le Correspondant* consacrait plusieurs articles des plus élogieux à cette Œuvre.

A Orléans, à Valenciennes, à Rosendaël, à Boulogne, à Saint-Brieuc, à Templeuve et dans **trente-cinq villes françaises**, l'Œuvre des jardins existe et donne des résultats admirables, se propageant partout lentement et sûrement, car nul, jusqu'à présent, n'a osé combattre leur action bienfaisante, autrement que par la *conspiration du silence*.

Mais cette conspiration du silence qu'ont essayée de
faire certains journaux catholiques — je fais allusion
principalement à la *Vérité*, de M. Auguste Roussel —
n'a pu être exécutée. Nous avons eu la joie et la douleur
de voir le *Petit Journal* et des organes protestants
comme le *Temps* et la *Paix* faire de la progagande pour
cette œuvre et essayer d'en retirer le mérite aux catholiques pour l'attribuer tout entier, ou à peu près, aux
libres-penseurs ou aux fidèles de l'Eglise réformée.

C'est pour cela, cher monsieur, que je ne saurais trop
vous féliciter de l'idée que vous avez eue d'associer le
Congrès des jardins ouvriers à l'Œuvre de la *Croix*. Il
importe que les ouvriers, que le grand public sachent
que cette œuvre, qui évidemment trouve des partisans
dans toutes les religions et dans tous les partis, a été
créée par des catholiques, a été propagée principalement
par des catholiques, a été réalisée surtout par des catholiques. Dieu veuille qu'elle se multiplie à Nancy,
et que républicains et conservateurs s'éprennent d'une
noble émulation à qui les réalisera plus nombreux et
mieux conçus.

Convaincu du succès éclatant qui couronnera votre en-
treprise, je vous félicite à nouveau d'avoir le premier en
France conçu et réalisé l'idée d'un Congrès de Jardins
ouvriers, et je vous prie d'adresser à tous les congressistes les meilleurs souhaits

du Médecin des Jardins ouvriers de Rosendaël

Docteur LANCRY.

P.-S. — En relisant ma lettre, que je vous ai écrite au
courant de la plume, je m'aperçois que j'ai oublié de signaler les jardins ouvriers créés à l'étranger, notamment
les 200 jardins ouvriers de M. l'abbé Gruel, à Bruxelles,
et les 20 jardins ouvriers créés à *Rome* par l'*Unione
catholica* sur l'initiative d'un prêtre français, *juste aux
pieds du palais du Vatican.*

OUVERTURE DU CONGRÈS

Grâce à l'obligeance de la municipalité, la vaste salle Poirel est mise à la disposition des Congressistes.

La première commission tiendra ses séances dans la grande salle ; la seconde commission dans une salle à gauche en entrant et la troisième dans le couloir gauche du bâtiment.

Dès huit heures et demie de nombreux délégués pénètrent dans la salle du Congrès. Ils sont reçus à la porte par des commissaires qui les renseignent sur les différents travaux des commissions.

La séance d'ouverture a lieu dans la grande salle sous la présidence de M. le comte Malval, assisté des présidents des différents groupements de la ville, devant une assemblée de plus de deux cents personnes, la plupart déléguées.

M. Malval ouvre la séance du Congrès. Il souhaite la bienvenue aux délégués de la ville et aux délégués du dehors et les présente les uns aux autres. Il donne ensuite lecture : 1° de la lettre suivante de Mme Hervieu, en réponse à l'invitation qui lui avait été adressée.

Monsieur,

Pour cause de santé, je ne puis accepter votre aimable invitation. Veuillez donc, je vous prie, adresser mes remerciements à votre Comité. Je vous adresse 7 brochures dont 6 que vous serez assez bon de donner à vos amis.

La conférence vous fera connaître la marche en avant de l'œuvre, et d'ici peu, je l'espère, j'aurai de bonnes nouvelles à vous communiquer.

Daignez recevoir, Monsieur, l'expression de mes sentiments les plus distingués.

Félicie HERVIEU.

Sedan, le 16 septembre 1898.

2° D'une lettre de Saint-Etienne dans laquelle le R. P. Volpette expose la marche de l'Œuvre en cette ville et annonce que « demain (sa lettre est du samedi), il priera tout particulièrement pour le succès du Congrès, pour son sympathique président M. Malval et l'organisateur de ce Congrès, M. Dombray-Schmitt. »

Puis il cède la place à M. Dehaye-Zimmermann, président de la 1re commission.

Les assistants se rendent dans les différents locaux des 3 commissions et les travaux de ces commissions commencent immédiatement.

A 11 heures, les membres du Congrès assistent, au nombre de 400, à la messe à Saint-Sébastien.

Pendant l'office, ils chantent avec foi et entrain le *Credo*, le *Magnificat* et le cantique *Je suis Chrétien*. Ils écoutent debout la lecture de l'Evangile du jour (Quel est le plus grand commandement de la loi?) puis ils entendent une charmante allocution du zélé pasteur de la paroisse, sur l'évangile du XVIIe dimanche après la Pentecôte.

A midi, les congressistes se rendent à l'hôtel de

l'Europe, où un banquet a lieu sous la présidence de M. le docteur LANCRY, de Dunkerque.

L'entrain le plus complet et la gaieté la plus franche ne cessent de régner entre les convives, qui sont au nombre de deux cents environ.

Au champagne, gracieusement offert par M. le comte MALVAL, celui-ci « salue M. le docteur Lancry, qui a bien voulu, au dernier moment, remplacer M. l'abbé Lemire, empêché. Il rappelle ensuite que le Christianisme seul peut inspirer des dévouements désintéressés et les efforts persévérants qui préparent le succès. Puis il boit à la santé de M. le docteur Lancry, qui, pour être des nôtres n'a pas reculé devant la fatigue d'une longue nuit de chemin de fer. Il boit aussi à la santé du grand Pape LÉON XIII, du pape des ouvriers. » De chauds applaudissements, éclatent et l'assistance répète le cri de :

Vive Léon XIII !

M. le docteur LANCRY répond à M. Malval : « Il dit l'admiration que lui cause l'organisation de l'Union catholique de Nancy. Il boit au succès de cette Œuvre. » On applaudit et on crie : Vive le docteur Lancry ! vive M. Malval !

M. DEHAYE-ZIMMERMANN, président de l'Union catholique de la paroisse Saint-Pierre, se lève et, à son tour, « boit à la santé des délégués des Œuvres des Jardins ouvriers établis en d'autres villes, ainsi qu'à la santé du chef de musique de *l'Union nancéienne* qui, à l'issue du banquet, et pendant la séance du Congrès, fera entendre les meilleurs morceaux de son répertoire.

De nombreux applaudissements retentissent:

Après lui, M. le DOCTEUR ETIENNE, président de la seconde Commission, « déclare qu'en sa qualité de docteur, il a examiné l'Œuvre nouvelle des Jardins

2

ouvriers; il affirme que cette œuvre est viable, qu'elle prendra une grande extension, et il boit aux avantages matériels et moraux qu'elle produira dans la population ouvrière de notre ville et au millième jardin ». L'assistance acclame M. le docteur Etienne.

M. ÉMILE LARGNIER, ouvrier cordonnier, membre du Cercle chrétien d'études sociales des Trois-Maisons, « boit à la santé du clergé nancéien, qui a remis généreusement un certain nombre de cartes du banquet à plusieurs de ses camarades ouvriers ». Ce toast de reconnaissance est chaleureusement applaudi.

Un membre du Cercle d'études de la Prairie de Tomblaine, M. KREIPP, « porte la santé de M. Malval, président, et de M. Dombray-Schmitt, propagateur de l'œuvre à Nancy, et de toutes les personnes généreuses qui s'occupent de cette œuvre ». M. Malval répond en faisant l'éloge de M. Dombray-Schmitt, et au nom des ouvriers lui donne une accolade fraternelle.

M. DOMBRAY-SCHMITT prend la parole; il dit « que le succès désormais assuré du Congrès de l'Œuvre des Jardins ouvriers le récompense largement des efforts qu'il a faits pour établir l'œuvre à Nancy ». Il expose ensuite le but moral de l'Union catholique ; « Cette Union, dit-il, suit la méthode de l'Evangile, réveille la responsabilité parmi les plus petits et en fait les apôtres de leurs frères ». On applaudit.

« Vive le fils du forgeron » ! Crie un ouvrier. « C'est un honneur pour moi d'être fils d'ouvrier, reprend M. Dombray-Schmitt ; parce que je suis un enfant du peuple, je connais ses besoins et ses aspirations, c'est le secret de mon dévouement à la classe ouvrière. — Continuons à développer chez le travailleur le sentiment de la responsabilité, et petit à petit nous ramènerons à la Religion ces masses qui l'ont oubliée ; nous ramènerons les foules au Christ, à celui-là qui est et demeurera toujours l'éternel espoir de ceux qui peinent et souffrent en ce monde ».

Ces paroles sont couvertes d'applaudissements.

M. SANTO lit la charmante poésie suivante :

LES JARDINS OUVRIERS

Aux Fondateurs de
l'Œuvre des Jardins Ouvriers

Au pied d'une colline au manteau verdoyant,
Des Jardins Ouvriers l'œuvre sainte et bénie
Etale ses fruits mûrs et sa paix infinie
Loin des cafés fumeux et loin du bourg bruyant.

Tandis que, délaissant leurs enfants et leurs femmes,
D'autres au cabaret gaspillent leur santé,
Nos ouvriers, l'outil sur l'épaule jeté,
Gagnent le frais jardin qui sourit à leurs âmes.

Là, par un saint travail assurant l'avenir,
Oubliant les soucis écrasants de la vie,
Ils goûtent, par surcroît, en leur âme ravie,
Ce champêtre bonheur qu'on ne peut définir.

Et Dieu même, oui, Dieu, de l'éternel dimanche
Quittant parfois pour eux les grisantes splendeurs,
Sème la paix la plus exquise dans leurs cœurs,
Fait leur corps plus robuste et leur âme plus blanche.

Et puis voici venir les femmes, les enfants,
Et tous, mêlant leurs chants au murmure des choses,
Goûtent un bonheur pur de tous pensers moroses
Et puisent la santé sous les cieux triomphants.

Soyez bénis, ô vous dont l'âme généreuse
Aux pauvres ouvriers veut faire tout ce bien ;
Votre œuvre est bien française et son but bien chrétien
C'est de semer chez nous une semence heureuse.

Cette semence, un jour, en fruits saints éclôra :
Les riches secourant les indigents, leurs frères,
Substituant la joie à leurs noires misères,
La question sociale enfin se résoudra !

Et Dieu vous le rendra !.... Dans les célestes plaines
Du Paradis, le Dieu des ouvriers, un jour,
De bonheur enivrant et d'indicible amour
A jamais gardera vos coupes toutes pleines !

J. Santo

On applaudit ferme et M. le Docteur Lancry demande à M. Santo de lui remettre les vers de sa composition pour les insérer dans l'organe de l'œuvre du Coin de terre et du foyer.

Enfin, M. GÉRARD, président de l'Union catholique de Saint-Sébastien, dit combien MM. Brice et Gervaize, députés de Meurthe-et-Moselle, sont sympathiques à l'Œuvre des Jardins ouvriers, puis il « lève son verre en l'honneur de notre armée, de MM. Brice et Gervaize et des autres députés patriotes qui, espère-t il, réussiront à chasser hors de notre France toute cette bande de cosmopolites qui la déshonorent. » Il propose aux congressistes de faire leur la devise d'Edouard Drumont : *La France aux Français !* Les paroles patriotiques de M. Gérard sont chaudement applaudies.

La musique de l'Union Nancéienne fait ensuite

ontendre plusieurs morceaux de son répertoire. Leur parfaite exécution excite l'enthousiasmo général.

. * .

A 4 heures, les congressites quittent l'hôtel de l'Europe et se rendent à la salle Poirel où doit avoir lieu la séance générale, et dans laquelle M. le docteur Lancry doit prononcer le discours de clôture.

La séance est ouverte devant une salle comble de 1.200 personnes environ, sous la présidence de M. Malval, assisté de MM. Brice et Gervaize, députés, Dehaye, Gérard secrétaire général et des présidents des Unions paroissiales.

A ce moment, l'assemblée, debout, écoute la *Marseillaise* que joue l'*Union Nancéienne*.

M. Malval prononce ensuite le discours suivant :

Mesdames, Messieurs,

C'est un honneur pour moi de vous présenter et de saluer en votre nom M. le docteur Lancry, le distingué conférencier qui, au dernier moment, a bien voulu suppléer M. l'abbé Lemire, dont la présence devait rehausser l'éclat de cette belle réunion.

M. l'abbé Lemire, député du Nord, avait accepté de venir présider nos travaux, et nul mieux que lui n'était qualifié pour vous exposer le programme de la *Ligue du Coin de terre et du Foyer*, dont il est le fondateur et le président.

Je n'ai pas à vous détailler les motifs qui l'ont obligé à s'abstenir : plusieurs d'entre vous les connaissent. Ils ressortent manifestement de certaines publications et de certains faits récents, que, par un sentiment de respect, je m'abstiens d'apprécier. Qu'il vous suffise de savoir que M. l'abbé Lemire a voulu répondre au désir qui lui a été exprimé par une haute personnalité, estimant que son caractère de prêtre l'obligeait dans la circonstance à une déférence toute spéciale.

M. le docteur Lancry est l'un des plus fervents propagateurs de l'Œuvre des jardins ouvriers. A Rosendaël, il a fait des merveilles. Tout à l'heure nous lui demanderons de vous les conter. A ses côtés, sur cette estrade, je salue avec joie MM. les députés et ces vaillants apôtres de la cause terrienne, ces vrais amis des travailleurs, venus de tous les points de la France pour nous apporter le concours de leur expérience, et nous citer les beaux exemples qui doivent nous encourager à marcher, sans hésitation et sans crainte, dans la voie où nous ne faisons que débuter. Qu'ils veuillent bien accepter ici l'expression de notre vive reconnaissance.

Nous ne saurions oublier non plus que si nous sommes réunis dans cette salle, nous le devons à la bienveillance de la municipalité, et si vous avez attendu sans impatience l'ouverture de cette séance, c'est grâce au concours de l'excellente musique l'*Union nancéienne*, qui vous a charmés par ses harmonies.

Si vous avez vu ce matin, Messieurs et chers délégués, combien il nous reste à faire pour vous égaler, ne vous semble-t-il pas qu'avec les bonnes volontés dont nous disposons toutes les entreprises deviennent faciles.

Ici nous sommes en famille. Ces assistants sympathiques, qui se pressent dans cette salle, sont tous des amis, des collaborateurs, des associés.

Entre eux et nous l'union est complète, cette union basée sur la fraternité chrétienne qui nous fait tous égaux, cette *Union catholique*, qui s'affirme à Nancy par dix groupements et 2,500 adhérents effectifs, par des œuvres sociales multiples, des réunions périodiques, des pèlerinages et des manife tations, où, sans crainte comme sans provocation, nous entendons affirmer et réclamer nos droits.

L'Œuvre des jardins ouvriers n'est qu'une des branches de notre action, la plus modeste et la plus récente. C'est une graine confiée à la terre, mais comme pour le grain de sénevé, il peut en sortir un grand arbre.

Ce que nous avons tenté à Nancy est un essai, un timide essai. Notre ambition est que cet essai trouve des imitateurs, officiels ou non, mais de nombreux imitateurs.

Dans certaines villes le bureau de bienfaisance a fait sienne l'Œuvre des jardins; ailleurs, les sociétés de secours, et en particulier les conférences de Saint-Vincent-de-Paul, ont adopté cette forme si profitable d'assistance par le travail. Ce que nous avons fait ne doit pas les empêcher d'agir. De l'émulation naît toujours le progrès.

Mesdames, Messieurs,

Vous n'attendez pas de moi un discours, car l'éloquence ne se donne pas. Du moins vais-je essayer dans une simple causerie de vous retracer les détails de la fondation des jardins ouvriers à Nancy.

C'est à M. le docteur Lancry de vous montrer le bien moral et le bien matériel qui peuvent découler de cette fondation, de vous dire comment la *Ligue du Coin de terre et du Foyer* entend aider à la reconstitution du bien de famille, assurer à chaque ouvrier la possession d'un foyer, c'est-à-dire d'un jardin et d'une maison, qui échappent à la saisie, soient exemptés d'impôts, et puissent se transmettre plus facilement à ses enfants.

Donc, il y a un an, M. Dombray-Schmitt, le sympathique rédacteur en chef de la *Croix de l'Est*, recommandait à ses lecteurs la fondation de jardins ouvriers, et, dans une série d'articles clairs et convaincants, mon-

trait combien il était facile d'établir cette œuvre. A peu
près au même moment se tenait à Nancy le *Congrès des
associations et des œuvres du Diocèse*, et le dévoué
M. Traxelle se faisait devant l'assemblée le défenseur
des Jardins ouvriers. Si l'on s'en rapporte au compte-
rendu officiel, page 62, il ne semble pas que l'œuvre ait
donné lieu à grande discussion. En effet, j'y relève
simplement ces lignes : « M. de Vienne craint qu'à Nancy
« le prix de la terre soit trop élevé pour réaliser cette
« œuvre qui, d'ailleurs, serait très pratique pour les villes
« de moindre importance. » Il était donc à présumer
que de longtemps Nancy ne posséderait pas de jardins
ouvriers. Celui qui eut alors annoncé pour l'année suivante un *Congrès spécial des jardins ouvriers* aurait
été sans doute traité de visionnaire !

Mais rien n'est impossible aux groupements de l'Union
catholique, et moins de deux mois plus tard, à Domremy,
les bases de l'œuvre étaient jetées, les statuts établis,
les premiers terrains loués.

Parmi mes auditeurs, il y a certainement des pèlerins
de Jeanne d'Arc, qui se souviennent encore avec émotion
de la cordiale réception qui leur a été faite par le R. Père
Létendart. Tandis qu'ils montaient vers le Bois-Chenu,
les cloches de la Basilique sonnaient joyeusement la
bienvenue ; puis à la messe une chaude improvisation
venait les encourager aux entreprises de zèle; enfin un
banquet fraternel les réunissait avec les Pères mission-
naires dans la grande salle de la résidence, et c'est à la
suite du banquet que se tenait la séance qui aboutissait à
la fondation des *Jardins ouvriers de Saint-Epvre*.

Des démarches faites à la préfecture et à la mairie don-
naient aux membres la certitude que leur association
était une société civile, qui n'avait pas besoin d'auto-
risation pour fonctionner. Une première souscription
permettait de passer des baux, et d'attribuer des parts.

Les cotisations des membres fixées à 6 fr. par an, pour
un terrain d'une hommée, devaient contribuer pour 1|3
environ à l'acquittement du prix des locations.

Les Cercles d'études des Trois-Maisons et de Tomblaine,
en rapport plus particulier avec M. Dombray-Schmitt qui
en a été le fondateur, suivirent immédiatemen' l'exemple
de l'Union de St-Epvre.

Je ne m'étendrai pas sur les détails. Ce serait empié-
ter sur la tâche de notre dévoué secrétaire général du
Congrès, M. Gérard, président du groupement de la paroisse Saint-Sébastien, qui tout à l'heure vous donnera
lecture des résultats matériels obtenus, en même temps
qu'il résumera les rapports des Commissions, relatant
les exemples signalés et les vœux émis durant les multiples séances de cette matinée.

Mais aux résultats matériels, il faut ajouter les résultats moraux : la désertion du cabaret, le dimanche passé
en famille, au bon air. — Nos jardins sont situés pour
la plupart sur les hauteurs de Boudonville, à quelques
centaines de mètres de la forêt de Haye, et l'on y jouit
d'un panorama magnifique. Nous espérons bien y conduire demain nos invités, MM. les délégués des autres
villes de France.

Je ne saurais non plus omettre de signaler le rappro-
chement marqué que l'œuvre a opéré entre les ouvriers
et le clergé, et je suis heureux de rendre publiquement
hommage au zèle éclairé de MM. les Curés de Saint-
Epvre et de Saint-Fiacre, qui ont protégé l'œuvre à ses
débuts, l'ont recommandée du haut de la chaire, et ont
tenu à s'inscrire en tête de la liste de nos bienfaiteurs.

Nos amis de Saint-Epvre m'en voudraient aussi de ne
pas accorder un souvenir ému à M. l'abbé Croctaine,
tout dernièrement encore professeur de sciences à l'école
Saint-Sigisbert, membre assidu de l'Union catholique, et
aumônier de l'Œuvre des Jardins. N'est-ce pas cet apos-

tolat exercé avec tant de.dévouement et de.cordialité, qui l'a fortifié dans la résolution de faire le sacrifice complet de lui-même, en embrassant la vie de missionnaire, dans laquelle son zèle pourra se développer sans entraves.

J'ai fini, Mesdames et Messieurs, et avant que l'excellente musique, qui nous a offert si gracieusement son concours, ne nous fasse entendre l'un de ses plus brillants morceaux, laissez-moi vous indiquer l'ordre de la séance :

Aussitôt après l'audition musicale, M. Gérard voudra bien nous donner lecture des rapports. Ils seront pour vous, je n'en doute pas, pleins d'intérêt. Pensez qu'ils ont été rédigés à la hâte, durant les très courts instants qui se sont écoulés depuis la séance du matin, entre la messe et le banquet; et vous conviendrez qu'ils constituent un travail particulièment méritoire. Merci donc aux dévoués secrétaires.

Enfin, après un nouveau morceau de musique, viendra le moment que vous attendez avec impatience, où M. le docteur Lancry voudra bien nous dire ses espérances et ses projets, nous montrer par quelles étapes successives nous arriverons à réaliser, à sa suite, le programme si attrayant de la *Ligue du Coin de terre et du Foyer.*

La parole est ensuite donnée au secrétaire général, M. Gérard; celui-ci fait lecture des rapports des trois commissions :

Première commission

Après la formation du bureau, M. le Président explique le travail à faire.

Il s'agit d'examiner les règlements actuellement en vigueur dans les groupements de Nancy : Saint-Epvre, Saint-Fiacre et Tomblaine, pour en tirer un règlement unique, qui empruntera ce qui paraîtra utile, aux documents fournis par les Sociétés du dehors.

Mais un premier point s'impose. C'est de savoir si les groupements actuellement existant consentiront à fusionner, à former une fédération, ou voudront rester indépendants.

Le secrétaire donne donc lecture des nombreux documents envoyés par les sociétés étrangères à Nancy, et des rapports fournis par les sociétés locales.

On applaudit notamment le rapport présenté par M. Mirouel, de Saint-Epvre, qui donne des détails très intéressants sur la création de l'Œuvre à Nancy, sur son fonctionnement et sur les excellents résultats obtenus pendant la première année.

On passe ensuite à la discussion des propositions soumises à l'examen du Congrès :

1° Y a-t-il lieu de fusionner les groupes actuels et de quelle façon peut-on faire la fusion ?

Les parties intéressées défendent chaleureusement leurs intérêts. Les plus riches tendant à conserver leur autonomie complète, et les plus pauvres ne demandant pas mieux, au contraire, de s'unir aux plus riches.

Un des assistants ayant fait appel, à ce moment, aux idées de charité et de solidarité chrétienne qui doivent être notre ligne de conduite, l'assemblée applaudit à ses paroles et décide, sur la proposition du président, qu'il y aura non pas une fusion complète, mais une fédération. des groupes.

Elle décide qu'il y aura un comité et une caisse centrale.

Le comité se composera de délégués des différents groupes qui nommeront un président, un secrétaire et un trésorier généraux. Il aura pour mission d'établir des rapports avec l'assistance privée et l'assistance publique, de centraliser les dons qui lui viendront de ces différentes sources, et de les répartir aussi équitablement que possible.

En outre, la caisse centrale recevra des différents groupes une cotisation égale au cinquième de leurs ressources, et à ce propos, le groupe de Saint-Epvre, pour marquer qu'il adhère complètement aux idées de solidarité et de charité invoquées au cours de la discussion, demande que les groupements possédant moins de cent francs soient exemptés de cette cotisation.

Ainsi donc, la fédération de tous les groupes présents et futurs est définitivement adoptée.

2ᵉ Proposition : Faut-il adopter tel ou tel règlement déjà existant, ou bien y ajouter quelque chose ?

M. le Président demande et l'assemblée décide de prendre comme base de la discussion le règlement de Tomblaine, dont les différents articles sont successivement examinés.

Ce règlement est ainsi conçu :

BUT DE L'ŒUVRE

L'œuvre a pour but la location par celle-ci à titre de locataire principal de terrains propres à la culture maraîchère et la cession de la jouissance partielle de ces terrains à ses membres actifs sans exiger de ces derniers aucun paiement de loyer de sous-location.

Respectueuse de la loi du repos dominical, elle en fera observer le précepte.

MEMBRES

Elle comprend des membres fondateurs, des membres honoraires, des membres d'honneur, et des membres actifs.

Pourra en faire partie à titre de membre fondateur toute personne qui versera une seule fois la somme de 100 francs. Sera membre honoraire toute personne qui paiera d'avance, la première fois le jour de son admission, une cotisation annuelle de cinq francs.

Le titre de membre d'honneur pourra être accordé à tout membre honoraire qui aura rendu d'importants services à l'œuvre.

Ce titre donnera le droit d'assister à toutes les séances du Bureau et de prendre part aux délibérations.

Le titre de membre fondateur, membre honoraire et membre d'honneur ne donnera aucun droit aux avantages de l'œuvre.

Les membres actifs marié jouiront seuls de ces avantages.

Les fils aînés de veuves participeront aux mêmes avantages que le père de famille.

Seuls, les Français pourront faire partie de la Société.

ADMISSIONS

Les admissions sous l'un de ces différents titres seront décidées par le Bureau au plus tard dans la seconde séance qui suivra le dépôt de la demande.

DES PARTS

Les parts attribuées aux membres actifs seront pour chacun d'eux au moins de deux ares.

Elles seront confiées pour une durée minimum de cinq ans par voie de tirage au sort, au fur et à mesure qu'elles deviendront la jouissance de la société

Les membres actifs s'engagent à cultiver eux-mêmes et à ne céder à personne les parts qui leur seront attribuées. La vente des produits du jardin leur est également interdite ; ces produits devront être consommés pour leur usage personnel.

Ces parts devront toujours être en état de parfaite culture ; un membre du Bureau désigné à cet effet aura pour devoir de les visiter toutes au moins une fois par mois, de fin mars à fin septembre, et devra à chaque réunion du Bureau présenter un rapport sur l'état des parts louées.

Si un membre négligeait la culture de sa part, il serait rappelé à l'ordre.

Après trois rappels sucessifs par décision du Bureau sans appel, ce membre pourra être destitué sans avoir droit à aucune indemnité, et sa part sera confiée au membre de la société ayant le plus grand nombre d'enfants.

En cas de maladie d'un membre possesseur d'une part, ses confrères dont les parts seront voisines de la sienne devront se charger de la culture et de l'entretien de cette part durant la maladie et ce sans avoir droit à aucune indemnité. Il est interdit aux enfants de moins de huit ans de circuler sans être accompagnés d'un de leurs parents.

DES CONTESTATIONS

En cas de contestations entre membres possesseurs de parts, le différend sera tranché par le Bureau, dont la décision sera rendue en dernier ressort.

ADMINISTRATION, BUREAU

L'œuvre est administrée par un Bureau composé d'un Président d'honneur, d'un Président, d'un Secrétaire et d'un Trésorier, ces trois derniers sont pris parmi les membres actifs de la Société.

Le Président d'honneur préside les assemblées générales seulement.

Le Président actif préside les séances du Bureau il signe les baux qui pourront être passés entre la Société et les différents propriétaires et les membres sous-locataires, il ordonne toutes dépenses et représente la Société en toute circonstance.

Le Secrétaire dresse les procès-verbaux des séances du Bureau et des séances générales et rédige la correspondance.

Le Trésorier tient les livres de recettes et dépenses, il est dépositaire des fonds qui seront versés chez un banquier, sauf une somme de 50 francs pour parer aux menues dépenses.

RÉUNION DU BUREAU

Le Bureau se réunira le premier dimanche de chaque mois en un endroit désigné par la convocation. Les membres d'honneur pourront assister à ces réunions et prendre part à la discusstion.

RÉUNIONS GÉNÉRALES

Il y aura chaque année deux assemblées générales, la première le deuxième dimanche de mars et la seconde le deuxième dimanche de novembre. Cette dernière assemblée sera précédée d'une messe et suivie d'un banquet. Huit jours avant cette réunion, chaque membre devra fournir un état détaillé du produit de sa part et en indiquer la valeur au cours du jour.

Dans l'ensemble, le règlement de Tomblaine est adopté avec les modifications suivantes :

Au deuxième article, sur l'avis exprimé par M. Piron, de Charleville, on ajoute :

1° Que les fils aînés de veuves auront les mêmes avantages que les pères de famille.

2° Que seuls les Français pourront faire partie de la Société.

A l'article qui concerne la gratuité de la concession du terrain, on ajoute que les terrains pourront être fournis à titre gratuit ou onéreux, suivant la situation des bénéficiaires.

En outre, les jardiniers chargés de famille pourront recevoir en sus des deux ares réglementaires une quantité de terrain en rapport avec le nombre de leurs enfants.

Cette proposition a été adoptée avec des applaudissements unanimes.

Enfin, il a paru nécessaire de définir la situation des jardiniers qui seraient obligés de quitter Nancy en pleine exploitation. Il est juste que celui qui a travaillé reçoive le prix de son travail et c'est dans cette seule circonstance seulement que les jardiniers après s'être entendus avec leurs comités respectifs seront autorisés à vendre leur récolte.

Une petite modification a été faite aussi relativement aux fonds que le trésorier pourra avoir en caisse, et l'on a décidé de porter de 50 à 100 fr. la somme réservée pour les éventualités courantes.

3e et dernière proposition. A quelle date se réuniront les groupes pour constituer le Comité central? Cette date est fixée au deuxième jeudi de novembre et chaque groupe devra assurer le service des convocations.

Le Président :

DEHAYE-ZIMMERMANN.

Le Secrétaire :	*Les assesseurs :*
VOIRIN.	MIROUEL et LARGNIER.

Deuxième commission

Rapports de l'œuvre avec la charité privée. — Après une discussion à laquelle prennent part un certain nombre de membres, la réunion vote les propositions suivantes :

Première proposition

Le Congrès engage toutes les personnes charitables à remplacer les bons de légumes, de pain, etc..., qu'elles donnent dans le cours d'une année, par le bon de terre qui sera délivré par l'Œuvre des jardins ouvriers, contre remise d'une somme de 15 francs.

Comme modes de propagande, on propose :

1° De s'adresser aux journaux ;

2° De distribuer, à domicile, une brochure indiquant le but de l'œuvre et les résultats déjà acquis. Une petite note encartée indiquerait qu'un membre de l'œuvre se présenterait à domicile pour recueillir les offrandes ;

3° De prier Messieurs les Curés de chaque paroisse de dire, chaque année, une messe à l'intention de l'œuvre, qui sera annoncée le dimanche précédent au prône.

Le produit de la quête sera versé à la caisse de l'œuvre ;

4° La réunion émet le vœu qu'une assemblée générale ait lieu tous les ans en novembre.

Deuxième proposition

Le congrès proposera à la Société de Saint-Vincent-de-Paul de distribuer aux familles assistées, chaque fois que cela sera possible, les bons de terre délivrés par l'Œuvre des jardins ouvriers.

Si le membre assisté demandait le remplacement du bon de terre que cette faculté lui soit accordée.

Troisième proposition

Les résolutions du Congrès seront transmises au public par la voie du journal.

Pour la seconde proposition, des lettres seront envoyées aux présidents des conférences de Saint-Vincent-de-Paul par les soins de la commission.

Le Président :	*Le Secrétaire :*
Docteur Etienne.	Aubert

Troisième commission

M. le Président fait observer qu'une œuvre doit être considérée d'après le bien qu'elle peut faire, sans s'inquiéter des personnes. C'est un principe qu'il est bon de rappeler, avant de procéder à l'étude de la question qui nous est posée : rapports de *l'Œuvre des Jardins ouvriers avec l'assistance publique.*

L'Union catholique, inspiratrice de la fondation des jardins ouvriers, peut déplaire à certains de nos édiles. Ce ne serait pas une excuse à leur mauvais vouloir. Le comité des jardins est du reste entièrement distinct des comités de l'*Union,* et a pleine liberté pour faire des démarches par lui-même.

L'œuvre actuelle peut être considérée comme un champ d'expérience destiné à prouver la réalité des bénéfices que procure la culture des jardins. En ce cas, au lieu de redouter la concurrence, elle chercherait à la faire naître.

Elle peut aussi s'enquérir des terrains vacants qui seraient propriété communale, provoquer un pétitionnement parmi les personnes secourues par le bureau de bienfaisance, afin de demander à cette administration la transformation des bons de légumes en une carte-permis donnant le droit de cultiver telle parcelle de terrain désignée.

Bien d'autres combinaisons se présentent à l'esprit. C'est le moment de les exprimer librement et d'en discuter l'opportunité.

M. le Secrétaire lit alors les rapports venus de Besançon, Cognac, Brive-Charansac et Nantes.

A Besançon, la ville a loué des terrains au bureau de bienfaisance qui, en dehors du comité particulier, a organisé l'*Œuvre des Jardins ouvriers* pour son propre compte.

Après un échange de réflexions entre les membres, *M. le Président* donne lecture de la première proposition analogue à celle qui a été votée par la seconde commission :

Le Congrès engage toutes les personnes charitables à remplacer les bons de légumes, pain, ou les dons en argent qu'elles donnent dans le cours d'une année par le *bon de terre*. L'œuvre des jardins ouvriers tient à la disposition de tous ces bons de terre contre remise d'une somme de 15 francs.

Il est bien entendu que le possesseur du lopin de terre auquel donnera droit ce bon devra se soumettre aux conditions ordinaires dans lesquelles l'Œuvre fait cession de ses terrains et prendre l'engagement de les remplir.

Cette première proposition est votée à mains levées sans discussion. Tous les membres présents s'accordent pour déplorer les abus qu'engendre la charité faite en argent à domicile.

L'on aborde ensuite l'étude de la *question principale* : Quelle est la meilleure marche à suivre pour obtenir le concours du bureau de bienfaisance et du conseil municipal ?

M. Kalis, entrepreneur, propose de faire une démarche officieuse auprès de l'administrateur du bureau de bienfaisance, à l'effet de lui recommander l'*Œuvre des Jardins ouvriers*. Il lui offrirait de mettre à sa disposition des jardins à attribuer aux familles secourues par le bureau de bienfaisance, à condition toutefois que ces familles acceptent de se soumettre au règlement intérieur de l'œuvre.

Cette proposition de M. Kalis est acceptée par la commission qui lui désigne comme assistants MM. Fauquinon et Schœfler.

Bien entendu, si M. l'administrateur accepte cette offre,

la délégation lui exprimera le désir qu'une demande de subvention soit présentée par lui au conseil municipàl.

M. Mathieu fait observer que M. l'administrateur pourrait répondre : « que l'idée est excellente, mais que le bureau de bienfaisance peut y donner suite lui-même, sans avoir à venir en aide à une œuvre privée ayant le même but.

Un membre fait connaître à l'assemblée que le bureau de bienfaisance s'occupe précisément d'étendre l'assistance par le travail et se propose de mettre des jardins à la disposition des assistés. Cette idée a dû venir au Bureàu à la suite des articles de la *Croix* et de l'annonce du Congrès.

M. le Président répond qu'au cas où M. l'administrateur ferait à la délégation la réponse que craint M. Mathieu, il en serait pris acte pour rappeler publiquement la promesse faite de fonder des jardins au profit des ouvriers. Il rappelle sa réflexion du début : l'œuvre actuelle est un essai qui ne craint pas la concurrence, et serait heureuse de la faire naître.

La Commission décide que, suivant la réponse de M. l'administrateur, une nouvelle délégation sera chargée de rédiger une demande de subvention et de la déposer sur le bureau du conseil municipal lors de sa prochaine session ordinaire.

Sous le bénéfice de ces observations, la *seconde proposition* du Congrès est mise aux voix dans les termes suivants :

« Le Congrès sollicite de la ville une subvention à
« prendre sur le chapitre de l'assistance publique.
« L'Œuvre des jardins ouvriers prendra en échange
« l'engagement de mettre à sa disposition, jusqu'à con-
« currence de la somme versée, des bons de terre donnant
« droit à un jardin.

« Ces bons seront remis aux familles l   plus méri-
« tantes du bureau de bienfaisance, sous réserve, bien
« entendu, que les bénéficiaires se conformeront aux
« règlements de l'œuvre. »

Le Président :
Comte MALVAL.

Les Assesseurs :	*Le Secrétaire :*
MATHIEU et MAURICE.	LEMOINE.

Après un morceau de musique, M. le président
remercie M. Gérard, secrétaire général du Congrès des importantes communications qu'il vient
de faire à l'assemblée, et donne la parole à M. le
docteur Lancry.

M. le docteur Lancry prononce le discours suivant, reproduit d'après la sténographie :

Mesdames, Messieurs,

Je suis confus et vous remercie bien vivement des
éloges que M. le Président m'a adressés au début de cette
séance, de la sympathie que vous voulez bien me témoi-
gner. Si j'ai cru pouvoir accepter de prendre ici la parole,
moi qui ne suis pas orateur, c'est que je compte sur
votre bienveillance, et que j'ai une foi absolue dans l'excellence de la cause que je dois défendre : celle des Jardins ouvriers.

J'avais pensé tout d'abord vous exposer l'Œuvre des
jardins, vous signaler les différentes méthodes qui ont été
suivies et vous en faire la critique; vous faire connaître
les résultats obtenus et qui partout ont été admirables au
double point de vue matériel et moral. Mais, après les
études si approfondies que vous avez faites ce matin;
après le rapport si documenté et si judicieux que vous

venez d'entendre, il me semble que, tous, vous connaissez
la question aussi bien que moi. Elargissons donc notre
horizon, et permettez-moi de vous exposer l'idée direc-
trice qui nous guide, qui nous soutient, qui nous enthousiasme, nous terrianistes, dans l'Œuvre des jardins ouvriers !

C'était il y a quelque cent ans; la France sortait de la
grande Révolution et Napoléon marquait de son em-
preinte la restauration de nos institutions. Les biens du
clergé, ces biens immenses dont les revenus servaient à
alimenter le triple budget des cultes, de l'instruction
publique et de l'assistance publique, avaient été confis-
qués et vendus. L'ancienne « Table des pauvres », qui
existait dans la très grande généralité des communes
françaises, avait disparu avec les ressources qui l'alimen-
taient. Napoléon la rétablit sous le nom de « Bureau de
bienfaisance ».

Il créa des Bureaux de bienfaisance dans les communes
où les vieillards, les orphelins, les infirmes, les affligés
avaient besoin d'être secourus, et ces Bureaux furent
nombreux, tant est vraie cette parole de l'Evangile : « Il
y aura toujours des pauvres parmi vous ! » Mais, Messieurs, à cette époque le nombre des assistés du Bureau
de bienfaisance était très restreint, parceque seuls étaient
assistés ceux qui, se trouvant sans fortune, se trouvaient
encore du fait des infirmités de l'âge ou des maladies
dans l'impossibilité de travailler. Et, chose plus étrange
encore, un nombre considérable de communes n'avaient
pas de Bureau de bienfaisance, parceque cette institution
était inutile ! En voulez-vous la preuve? Mais encore tout
récemment, et jusqu'à la loi de ces dernières années sur
l'Assistance médicale gratuite, il y avait encore en France
une foule de communes où la création dé Bureaux de
bienfaisance était inutile et où cette institution n'existait
pas !

Eh bien, Messieurs, voulez-vous, quittant ces communes rurales privilégiées parceque la plupart avaient conservé leurs biens communaux, venir voir ce qui se passe aujourd'hui dans nos grandes et petites villes? A Paris, le budget de l'Assistance publique a dû être porté à 45 millions de revenus annuels. Notez que je dis de « revenus », ce qui fait, à 3 0/0, à peu près le sixième de la fortune de Rotschild ! Voulez-vous voir ceux qui sont assistés aujourd'hui dans nos grandes et petites villes? Ce ne sont plus des vieillards, des orphelins, des infirmes, des affligés ; non, ce sont de jeunes hommes, de jeunes femmes dans la force de l'âge ; ce sont de jeunes ménages qui ne demanderaient qu'à travailler, qu'à vivre noblement du travail libre, et qui. ne pouvant équilibrer leur budget, sont réduits à la *mendicité chronique !* Et combien sont-ils? A Reims, ils sont 13.000 ; à Dunkerque, ils sont 8.300 sur une population de 39.500 âmes, le quart de la population !...

Messieurs, une pareille situation est lamentable pour ceux qui la subissent, elle est lamentable pour un pays, elle est une honte pour une grande nation comme la France !

Oui, elle est lamentable ! Tenez, je suis médecin du Bureau de bienfaisance, voulez-vous m'accompagner par la pensée dans une de mes visites médicales ? Je vais vous conduire à l'écart dans un quartier spécial, celui des indigents. Dans les rues les enfants grouillent pieds nus, les vêtements sales, sordides, déguenillés. Entrons dans une maison, elles sont toutes sensiblement pareilles. On pénètre par un corridor malpropre sur lequel s'ouvrent à gauche deux portes, à droite deux autres portes, et qui conduit dans un escalier obscur. Grimpons cet escalier ; au premier et au second étage deux portes à droite, deux portes à gauche. Ouvrons une de ces portes, celle que vous voudrez, elle nous montre un logement de une ou

deux pièces dans lequel les lits sont pressés les uns
sur les autres. Ne risquez pas de vous asseoir, s'il y a une
ou deux chaises elles sont boiteuses ! Et c'est là-dedans
que loge, que couche, que se repose une famille humaine,
père, mère, garçons, filles, bébés !

Voilà la situation dans toute sa laideur. Ah ! je sais bien
qu'il est commode de la nier, de s'en désintéresser, mais
peut-on nier les faits ? Peut-on nier le paupérisme des
grandes et des petites villes ? Peut-on nier le prolétariat ?
Bon gré, mal gré, il faut ouvrir les yeux !

Du reste, pareille situation crée un danger social et
patriotique. Danger social : car ces agglomérations sont
le réceptacle et la source de toutes les épidémies, sans
compter la tuberculose qui sévit là à l'état chronique et
permanent. Danger patriotique : n'est-ce pas là que se
recrutent tous les sans-patrie et l'armée du trouble et du
désordre ?

Je viens, Messieurs, de vous signaler le fléau du paupérisme et du prolétariat. Il faut, nous catholiques, que
nous ayons le courage de regarder le mal en face, et,
après avoir mesuré l'étendue du mal, que nous ayons le
courage d'en trouver le remède et de l'appliquer.

Eh bien, qu'avons-nous fait contre le paupérisme, qu'a-
vons-nous proposé pour abolir le prolétariat ? Faisons
notre examen de conscience.

Nous avons institué les Conférences de Saint-Vincent-
de-Paul. Loin de moi la pensée de les blâmer. Longtemps
j'en ai fait partie et aujourd'hui encore je les soutiens de
ma modeste obole. Mais les Conférences de Saint-Vincent-de-Paul peuvent-elles abolir le prolétariat et extirper
le paupérisme ? Encore une fois non, non !

Nous avons créé une Œuvre nouvelle, celle du pain de
Saint-Antoine. Ah ! Messieurs, il est superbe de donner
du pain à ceux qui en manquent et qui ont faim, mais le
pain de Saint-Antoine peut-il abolir le prolétariat et

extirper le paupérisme ? Ici encore je réponds catégorique-
ment non, non, non !

Puisque l'Assistance privée est impuissante, du moins
dans les œuvres actuelles, à extirper le paupérisme,
voyons si l'Assistance publique, elle qui est si riche et
qui jouit des faveurs du pouvoir, est plus puissante et
plus efficace. Ah ! l'Assistance publique, Messieurs, vous
connaissez ses œuvres : des bons de pain, des bons de
viande, des bons de charbon et des hôpitaux ! Tout cela
sert tout simplement à entretenir la misère, à perpétuer
le prolétariat, à consacrer et à cultiver le paupérisme !

Puisque aujourd'hui l'Assistance publique et l'Assistance privée n'ont trouvé que des *palliatifs*, je vous con-
vie, vous catholiques, vous démocrates chrétiens, à trouver, à préconiser, à réaliser un remède curatif, un remède
causal, un remède qui s'attaque au paupérisme en portant la hache jusque dans ses racines ! Et voici comment,
nous qui appartenons à l'école des Lemire, des Naudet,
nous avons parlé et nous avons agi.

Il n'y a pas trente-six portes, nous sommes-nous dit,
pour sortir du paupérisme et du prolétariat, il n'y en a
qu'une : celle qui s'ouvre sur une maisonnette dont l'ouvrier serait propriétaire, celle qui donne accès sur un
jardinet qui aide à vivre dans les moments de chômage.
Et nous avons immédiatement formulé notre idéal, celui
que nous ne perdons jamais de vue dans toutes nos
paroles, dans toutes nos œuvres :

Petite propriété insaisissable,

Tout le monde propriétaire !

Le croiriez-vous, Messieurs, devant un pareil idéal il
s'est trouvé des gens à l'esprit assez mal tourné — je fais
allusion à M. A. Roussel et à son journal *La Vérité* —
pour nous qualifier de socialistes collectivistes. Mais la
formule du socialisme est celle-ci : « Plus de propriétaires, l'Etat seul propriétaire ! » Quand nous, nous

disons : « Petite propriété insaisissable, tout le monde propriétaire ! » C'est donc juste le contre-pied du socialisme collectivisme que nous visons. Aussi, pendant que je suis en train de parler formules, laissez-moi vous dire que la seule formule qui convienne à M. Auguste Roussel et à ses amis de la *Vérité* est la suivante : « Tous fumistes ! »

Pour rendre tout le monde propriétaire, la première chose à faire est de conserver la petite propriété de ceux qui en possèdent une. C'est pour cela que M. l'abbé Lemire, dans sa profession de foi en 1893, a écrit : « Ce que je veux c'est que *pour tout ouvrier la maison de famille et le jardinet qu'il a acquis par son travail soient insaisissables, exempts d'impôts et de frais de succession !* »

En a-t-on ri de cet article de sa profession de foi ! Relisez tous les journaux de l'époque : tous depuis *La Vérité* jusqu'à *La Lanterne* l'ont « blaguée » la petite propriété insaisissable ! Mais n'empêche que l'idée faisait son chemin. Elle était comprise par tous les ouvriers, à qui l'abbé Lemire l'exposait dans ses discours, dans ses conférences, dans les Congrès démocratiques chrétiens.

Et alors il est arrivé ceci, qui montre à quel point nos adversaires religieux sont perspicaces. Ils ont compris quelle considération, quelle autorité, quelle gloire donnerait aux catholiques la réalisation de cette réforme. Et alors, quelques jours avant que M. Lemire n'eut déposé son projet de loi sur le bien de famille, M. Leveillé, professeur à la Faculté de droit à Paris, M. Hubbard... que vous connaissez, déposaient un projet de loi sur le même projet. Saluons, Messieurs, cet hommage rendu par des adversaires religieux à l'idée de M. l'abbé Lemire ! Et comme Français, réjouissons-nous que l'idée ait été proclamée juste et excellente par tous les partis : elle n'en arrivera que plus vite à réalisation !

Mais il ne suffit pas de rendre la petite propriété insai-sissable, il faut faire accéder à la propriété tous ceux qui ne possèdent rien. Et c'est pour cela que nous réclamons la *reconstitution des biens communaux*, qu'on pour-rait employer comme à Fort-Mardick.

Dans cette commune, voisine de Dunkerque, tout ménage reçoit au moment de sa fondation **vingt-quatre ares** de terre en propriété insaisissable. Et c'est pour cela que nous préconisons les *baux amphitéotiques;* et c'est pour cela que nous réclamons la *réforme de l'As-sistance publique.*

Mais il ne nous suffit pas de réclamer la réforme de la législation, nous voulons encore agir dans la limite de nos moyens et de nos ressources. C'est pour cela que nous créons partout des **jardins ouvriers,** jardins ouvriers où nous voudrions que l'ouvrier puisse se bâtir une mai-son. Et c'est dans cette intention qu'à Rosendaël nous donnons gratuitement nos jardins aux ouvriers. Nous voulons pouvoir dire aux communes et à l'Assistance publique, avec l'*éloquence des faits accomplis :* « Si « *vous voulez bien faire* vous n'avez qu'à prendre mo-« dèle sur nous et *copier tout simplement nos œuvres!* »

Ce faisant, aurons-nous réalisé notre idéal ? Non, Mes-sieurs ; du reste la caractéristique d'un idéal c'est de ne pouvoir jamais être atteint. Mais nous nous en serons beaucoup approchés. Le malheur c'est que c'est surtout en ville que notre programme est difficilement réalisable. Mais là nous poussons à la construction d'habitations à bon marché, habitations pour lesquelles nous réclamons également et la franchise d'impôt et l'insaisissabilité, sur-tout quand elles seront la propriété des ouvriers ou des syndicats ouvriers. Un des articles de notre programme, vous ne l'ignorez pas, est le droit de posséder la propriété immobilière pour les syndicats des travailleurs !

J'ai fini, Messieurs, encore une fois je vous remercie

de la bienveillante attention que vous avez bien voulu me prêter. Permettez-moi, en terminant, de saluer vos deux députés ici présents, MM. Brice et Gervaize, qui ont signé avec M. Lemire le projet de loi sur le bien de famille, et de souhaiter longue vie et prospérité à l'Union catholique de Nancy, à ses membres et à son vaillant et si dévoué président.

Après ce discours, M. le président Malval remercie en ces termes M. le docteur Lancry :

Monsieur le docteur,

La salle vibre encore des applaudissements qui ont accueilli votre chaleureuse péroraison. C'est là le plus complet remerciement qui puisse vous être adressé. Et cependant cette assemblée m'en voudrait de ne pas me faire, durant quelques instants encore, l'interprète de ses sentiments.

Vous avez eu, monsieur le docteur, le dévouement de venir à Nancy, vous n'avez pas reculé devant la fatigue d'une longue nuit de chemin de fer, — vous avez voulu tenir l'engagement pris par M. l'abbé Lemire, et nous apporter à sa place des encouragements et des conseils. Merci du fond du cœur !

Vous entendre et l'entendre, c'est tout un. — Le même zèle vous anime, les mêmes projets vous sont chers, les mêmes idées vous enflamment, — vous puisez vos inspirations aux mêmes sources, — vous êtes **démocrates** et vous êtes **chrétiens**.

Grâce à vous, le peuple prend conscience de sa force, cherche à se relever par l'association, et trouve dans la Religion bien comprise le remède aux maux, souvent immérités, dont il souffre.

Votre ambition est noble et grande ! Et s'il y a encore quelques catholiques qui vous méconnaissent (soyez sans crainte, ils sont l'exception à Nancy, comme ailleurs), le grand nombre vous approuve et vous applaudit.

Vous nous avez montré l'avenir, le but à atteindre. Ce ne serait qu'un beau rêve, si nous n'avions pas la force et la persévérance de nous rapprocher du but par étapes successives. — Mais cet idéal suffit pour animer les courages !

N'oublions pas du reste que, dans cette lutte contre les fléaux et contre le mal, si nous pouvons peu par nos propres forces, nous pouvons beaucoup en Celui qui nous fortifie, grâce à la Providence, dont nous reconnaissons et nous bénissons l'action. Le christianisme peut seul inspirer les dévouements désintéressés, et les efforts persévérants qui préparent les succès. Par ses encycliques et notamment par son admirable document sur la « condition des ouvriers », le grand Pape Léon XIII a tracé d'une main ferme la route que nous devons suivre. En vous applaudissant, les catholiques nancéiens acclament en même temps l'inspirateur de vos doctrines et de vos actes, le Souverain-Pontife, le Pape des ouvriers, — Honneur donc et reconnaissance à Sa Sainteté Léon XIII !

Tant que l'on reste fidèle à ses enseignements, que l'on suit ses directions, non seulement en apparence, mais sans restriction et du fond du cœur, l'on est assuré d'être dans le vrai et de faire le bien.

Ces vérités vous les proclamez, ce bien vous le faites ; — et c'est pourquoi, Mesdames et Messieurs, je vous propose de nous séparer aux cris de :

Vive M. l'abbé Lemire ! Vive M. le docteur Lancry !

A six heures, la séance générale du Congrès est levée au milieu d'un enthousiasme indescriptible. La sortie s'effectue dans le calme le plus complet, pendant que « l'Union Nancéienne » fait entendre un dernier morceau.

A la sortie les commissaires distribuent des petites pochettes mises à la disposition des jardiniers de Nancy par M. Frédéric BROSSY, cultivateur grainier, 6, quai de la Guillotière, à Lyon.

———

PRINCIPAUX RAPPORTS REÇUS

MAGNY-EN-VEXIN

C'est un article sur la question lue dans l'*Univers* qui m'a donné la pensée de tenter quelque chose.

En septembre ou octobre 1897, j'avais trois jardins ; en mars 1898, j'en avais quatorze ; aujourd'hui, j'en ai quinze.

« Irréalisable est cette œuvre », me disaient des personnes dont je demandais le concours. Je leur ai simplement répondu en la réalisant en de modestes proportions.

Mes quinze jardins comprennent un peu plus d'un hectare. Je donne des jardins de 6 à 10 ares, selon les familles.

J'ai quinze familles qui comptent chacune de six à huit ou neuf membres, ayant choisi les familles d'ouvriers qui comptent au moins trois ou quatre enfants n'ayant pas fait leur première communion.

Cent et quelques membres participent donc à cette œuvre.

Un chef de famille me disait hier : Depuis le mois de mai, nous n'avons pas acheté de légumes, et je viens de récolter deux hectolitres de pommes de terre.

J'ai obtenu d'un généreux horticulteur un champ de 88 ares que j'ai fait entourer avec de solides grillages et que j'ai divisé en onze jardins, cinq portes fermant à clef y donnant accès.

Si j'ai des ressources, je ferai peut-être creuser un puisard au milieu de l'année prochaine. Le terrain est frais et bon.

Il m'est loué dans des conditions très douces. Un de mes quatre jardins isolés m'est laissé gratuitement. Les quatorze autres ne me reviendront pas à cent francs par an. Je n'ai eu qu'une première mise, pour l'entourage des onze, de soixante francs à peu près.

Je n'ai encore que quelques souscripteurs. Mais je vais organiser mon comité cet hiver, et j'espère que l'œuvre prendra de plus grandes proportions, d'autant plus qu'elle est bien vue de la population.

Voici les quelques renseignements que je puis vous donner sur notre œuvre naissante que Dieu daigne rendre prospère pour le bien moral et matériel de nos pauvres familles ouvrières.

*

Les familles heureuses d'avoir des jardins n'ont demandé ni outils ni semences... Je fais signer le règlement ci-après par les chefs de famille, afin que le Comité reste juge absolu :

Œuvre des Jardins de Saint-Fiacre

Autrefois, villes et villages possédaient des biens communaux. Les uns étaient confiés par parcelles à de jeunes ménages ; les autres, convertis en pâturages. voyaient accourir de tous côtés, guidées par le pâtre et appelées par sa cornemuse, les vaches nourricières des familles besoigneuses.

Ces communaux : bois, champs de culture et prairies, étaient une ressource bien précieuse pour toutes les familles chargées. Sauf de rares exceptions, ils n'existent plus. C'est un malheur. Ne serait-il pas possible de les faire revivre sous une autre forme en rapport avec la situation de notre société moderne ?

L'essai, inspiré par les sentiments les plus délicats de la charité chrétienne, a été tenté. Pourquoi ne le tenterions-nous pas dans notre beau doyenné de Magny !

C'est une œuvre fraternelle et sociale par excellence, et voilà pourquoi, avec l'aide de Dieu, tous, nous tenterons de la mener à bonne fin, ne nous contentant pas, dans notre bien-être personnel, de dire : Comment ce père et cette mère, qui n'ont que leurs bras, peuvent-ils seulement donner du pain à leurs nombreux enfants ? Nous ajouterons : « Aidons-les ». Aidons-les de telle sorte qu'ils soient redevables à leur travail des ressources nouvelles que, par nous, ils pourront se procurer.

C'est le but que se propose d'atteindre l'*Œuvre des Jardins de Saint-Fiacre*. Retiré au milieu des forêts, saint Fiacre défrichait les terres, groupait autour de lui des solitaires qui les défrichaient avec lui, et tous vivaient ainsi du fruit de leur travail. C'est bien là le Patron de notre œuvre.

Tel serait son petit Règlement :

1° L'*Œuvre de Saint-Fiacre* a pour but de procurer au père et à la mère de familles ouvrières, honorables et chargées d'enfants, un jardin et, selon ses ressources, des instruments de jardinage et des semences.

2° Un Comité de cinq Membres est institué pour la direction de l'Œuvre, par M. le Curé.

3° Sa mission est de trouver des membres participants et des membres honoraires qui alimentent l'Œuvre par leurs souscriptions.

4° De louer des terrains ou de solder la location de ceux qui seraient loués par les membres participants.

5° De procurer, selon les ressources, des instruments de jardinage et des semences.

6° De juger si des plantations d'arbres peuvent être faites, et de les faire faire à ses frais, en des terrains donnés à la Société, alors qu'elle serait autorisée à posséder.

7° De répartir les jardins entre les familles choisies parmi celles qui ont le plus d'enfants, et au prorata, comme étendue, du nombre des enfants.

8° De visiter les jardins en mai et en août et de les reprendre ou de n'en plus répondre s'ils n'ont pas été sérieusement cultivés ; et cela, de son autorité propre, sans contestation ni appel d'aucune sorte, consenti par la signature des membres participants.

9° De débattre les intérêts des membres participants, pour les récoltes, si les jardins leur étaient retirés en plein rapport.

10° Les membres participants ont la jouissance des jardins qui leur sont alloués durant quatre ans, et l'allocation peut être renouvelée autant que le Comité le juge utile.

11° La seule condition imposée aux membres participants, c'est que les jardins soient bien cultivés et que l'on n'y travaille pas les dimanches et fêtes, au moins pendant la grand'messe.

12° Les membres participants s'engagent à respecter avec la plus grande délicatesse et à faire respecter les jardins voisins du leur.

13° Le nom des membres honoraires et des membres participants est inscrit sur le registre d'honneur de la Société.

14° La souscription est de 3, 5 et 10 francs au minimum et par an. Les souscripteurs qui, en plus de leur souscription annuelle, verseront 100 francs à l'Œuvre, seront inscrits comme membres fondateurs.

15° Une messe, à laquelle sont convoqués tous les membres de la Société, est célébrée tous les ans, à la Saint-Fiacre, pour tous les associés honoraires et participants, vivants et défunts.

16° Ce Règlement provisoire pourra être modifié dans quatre ans, alors qu'il sera jugé utile. Il est signé par les membres participants comme marque d'acceptation pour cette période de temps.

Veuillez agréer, Monsieur, l'expression de mes sentiments les plus dévoués en N. S. J. C.

Eug. TESSIER,
Curé-Doyen de Magny-en-Vexin.

LE PUY

Aidés de quelques amis, j'ai essayé cette année, d'organiser cette Œuvre au Puy. Nous en sommes encore à nos débuts. Si je le puis, je compte me rendre à votre congrès, non pas pour vous apporter mon concours actif, mais au contraire pour m'instruire et faire mon profit de l'expérience acquise là où l'œuvre est en plein développement.

En ce qui concerne le fonctionnement de l'œuvre au Puy, voici la réponse aux questions posées :

1. — L'œuvre des jardins ouvriers a été fondée au Puy, en février 1898 sous les auspices de la conférence de Saint-Vincent-de-Paul.

Trois terrains différents ont été distribués aux familles : l'un, très bon, clos de murs et traversé par un petit cours d'eau, et d'une contenance de 6,276 mètres carrés, il a été divisé en 20 lots de 300 mètres, le surplus réservé pour les passages. Le prix de location est de 325 fr. par an, ce qui fait un peu plus de 16 fr. pour chaque lot.

Le 2e bon, mais privé d'eau, contient 4,000 mètres, son prix de ferme actuel est de 196 fr. Il forme 15 lots d'environ 325 mètres, soit 13 fr. par lot.

Le 3e terrain, de qualité inférieure, d'un accès moins facile, contient 4,500 mètres, il nous coûte 45 fr. et forme 9 lots de 500 mètres chacun.

Nous avons donc à peu près 1 hectare 1|2 de terrain divisé entre 44 familles composées ensemble de près de 300 individus.

Nous avons voulu, en prenant des terrains de qualité très différentes, faire une expérience. Elle est concluante et décisive, — quoique coûtant beaucoup plus cher, les bons terrains, avec une superficie moindre ont un travail moins pénible, produisent dix fois davantage. Nous n'aurons que de ceux-là à l'avenir.

11. — Notre œuvre fonctionne sous la direction de cinq membres, et avec le concours des personnes charitables qui nous ont envoyé leur offrande. Pour nous procurer des ressources, nous avons fait appel à la générosité de tous, d'abord par la voie des journaux, puis par une circulaire individuelle adressée aux personnes, qui, sans distinction d'opinion politique ou religieuse, nous paraissaient pouvoir donner leur adhésion. « Nous recevrons, disions-nous, toutes les offrandes quel qu'en soit le chiffre, mais en nous donnant 30 fr. la 1re année, en prenant l'engagement de nous verser 25 fr. les autres années, on pourra nous indiquer une famille à laquelle nous fournirons un jardin. »

Et nous avons eu un certain nombre de souscriptions de cette nature.

Pour cette première année nous avons eu 68 adhérents qui nous ont versé 919 fr., cette somme nous suffira, avec quelques autres ressources espérées, à payer toutes nos dépenses :

Prix de location des 3 terrains (325 + 196 + 45) = 566 fr.

Clôtures................................. 107

Engrais....... 95

Pommes de terre et semences.............. 75

Bêches, pioches, arrosoirs 79

Construction d'un hangar.................. 65

Dépenses diverses........................ 33

$$\overline{}$$

Total................... 1,020 fr.

Nos terrains sont concédés gratuitement aux familles, nous leur avons imposé un petit règlement de 13 ou 14 articles, portant, notamment : qu'il ne leur est conféré aucun droit d'aucune sorte sur les lots concédés, et que ces lots pourront leur être repris sans délai et sans indemnité dans certains cas prévus, rixes, disputes, scandales, vols, etc.

Que les fruits et légumes devront servir à l'alimentation de la famille et ne pourront être vendus.

Que la culture du jardin devra être faite par la famille elle-même, sans assistance étrangère.

Que le travail est interdit les dimanches et jours de fête.

Dans chaque groupe, les concessionnaires des jardins désignent trois d'entre eux pour chef du groupe. La fonction de ces derniers consiste à être les intermédiaires entre les familles et le comité directeur, et à maintenir la bonne harmonie, ils font la police de leur groupe et donnent leur avis sur les différents qui peuvent surgir.

A la fin de chaque année, et dans chaque groupe, une petite prime d'une dizaine de francs est donnée au chef de famille qui a le mieux travaillé.

Un char de fumier a été apporté dans chaque lot, un double-décalitre de pommes de terre a été donné à chaque famille avec un outil de jardinage.

III. — Résultats. — Nous n'en sommes qu'à nos débuts et nous ne savons pas encore à quoi nous aboutirons. Sur le bon terrain, la récolte est très belle et sera très productive, elle éouivaudra à 5 et 6 fois la dépense faite.

Sur les autres terrains, en cette année de grande sécheresse, il pourra y avoir quelque déception.

Au point de vue moral nous aurons lieu d'être satisfaits.

IV. — Les journaux catholiques ont inséré tous nos appels au public, le journal républicain de nuance radicale l'a fait aussi très gracieusement. Le journal franchement apportuniste s'y est refusé.

V. — La conférence de Saint-Vincent-de-Paul nous a fourni un assez grand nombre de familles et elle doit nous verser l'hiver prochain une somme équivalente à la valeur d'une partie des bons de pain supprimés à ces familles, en échange de leur jardin, à peu près 15 fr. par famille.

Les centres ouvriers de bienfaisance sollicités ont fait la sourde oreille.

V. — La municipalité sollicitée de participer à l'œuvre a d'abord promis son concours, mais en séance publique, la question a été renvoyée à une commission, peut-être pour y être enterrée, nous attendons.

Vous voyez que nous n'avons pas encore fait grand chose, mais nous avons la bonne volonté de faire et nous ferons.

Veuillez agréer, Monsieur, l'expression de mes sentiments les plus distingués.

Albert BOUDON
au Breuil de Doue, par Brives-Charensac.
(Haute-Loire).

NIORT

J'applaudis de grand cœur à la réunion des fondateurs et partisans des Jardins ouvriers en un premier congrès et je regrette vivement de ne pouvoir y assister. Je suis de cette Œuvre un ami de la première heure et je vous serai très reconnaissant de m'envoyer les numéros de la *Croix de l'Est* qui donneront le compte-rendu de ces réunions.

Dans la région de Niort, où j'ai tâché de faire connaître l'œuvre des Jardins, je n'ai pu aboutir encore à aucun résultat pratique. Cependant l'idée germe et déjà plusieurs personnes ont le désir de s'en occuper. J'ai espoir d'obtenir la création de quelques jardins au printemps prochain.

A Varles (Deux-Sèvres), sur ma recommandation, une personne charitable a fondé *deux* jardins (date de création, septembre 1897); plusieurs autres sont en préparation. Le but poursuivi est de fournir non seulement des légumes, mais aussi le blé nécessaire pour le pain de la famille indigente.

C'est une œuvre très utile, relativement très facile à réaliser à la campagne, où les personnes riches, propriétaires de grands domaines, ont beaucoup de terre à leur disposition.

J'ai étudié un peu cette question. Si quelques notes sur ce sujet vous paraissent de quelque utilité, je vous les enverrai volontiers.

L'année dernière, j'ai fait paraître dans la *Croix des Deux-Sèvres* un article assez complet sur les Jardins ouvriers. Il me reste un stock de ce numéro : je vous en envoie un numéro. Si cet article était utile comme propagande, je mettrai gracieusement ces numéros à votre disposition. Vous pourriez les distribuer aux congressistes,

Un mot de vous me fixera à cet égard. Veuillez m'envoyer le programme détaillé du Congrès auquel je m'intéresse très vivement, et n'oubliez pas, je vous prie, de m'en envoyer le compte-rendu.

Je bénirai la Providence quand elle me permettra de renouer avec vous une connaissance qui n'a été qu'ébauchée, en 1895, au Congrès démocratique de Charleville.

Agréez, cher Monsieur Dombray-Schmitt, mes sentiments bien dévoués en N.-S.

Abbé J. Brellay,

Directeur de la *Croix des Deux-Sèvres*,

Hôpital-Hospice

Niort (Deux-Sèvres).

ORLÉANS

D. — Avez-vous dans votre ville des jardins ouvriers ? Date de la fondation. Superficie totale. Nombre de personnes composant les familles assistées.

R. — Il y a, à Orléans, 3 groupes de jardins ouvriers :

1º Celui de Recouvrance (Mme Martenot) ;

2º Celui de M. l'abbé Rivet (Rue Saint-Euverte, 19) ;

3º Celui de Saint-Paterne (Mme Pillet Pereira).

Celui de Recouvrance fut fondé le 19 avril 1897. Il a 12 ares 39 centiares et forme 3 jardins.

Trente personnes composent les 3 familles auxquelles les 3 jardins sont prêtés gratuitement.

D. — Comment est organisée votre œuvre ?

Règlement. Dépenses annuelles. Terrain gratuit ou contre redevance. Graines, outils et engrais.

R. — Initiative privée. Dons particuliers formant un petit capital sur lequel sont payées les dépenses annuelles, qui consistent en location du terrain.

La première année, les graines ont été fournies par l'Œuvre, ainsi que les outils ; les jardins ont été entourés de fils de fer. Le fumier est offert par un donateur.

Il n'y aura plus à payer, pour ces 3 jardins, que la location annuelle du terrain.

D. — Résultats obtenus tant au point de vue matériel qu'au point de vue moral.

R. — Les résultats acquis sont excellents.

Travail suivi ; satisfaction des familles ; produit environ 100 fr. par jardin en légumes consommés par les familles.

D. — Êtes-vous soutenus par la Presse?

Le *Patriote Orléanais* a donné d'excellents articles sur ce sujet.

D. — Etes-vous soutenus par les œuvres d'assistance privée ?

R. — Non. Les dons sont particuliers.

D. — Êtes-vous soutenus par l'Assistance publique, ou des subventions de l'administration ?

R. — Non.

SAINT-ETIENNE

Saint-Etienne, le 24 septembre 1898.

Monsieur Dombray-Schmitt,

Je viens de lire dans « l'*Univers* d'hier » qu'un Congrès des Jardins ouvriers doit se tenir demain à Nancy.

C'est bien tard pour vous envoyer quelque chose. J'essaye tout de même. Peut-être ma petite brochure vous arrivera-t-elle à temps et pourra-t-elle être de quelque utilité.

Si elle vous arrive assez tôt, et que vous le jugiez à

propos, vous voudrez bien avoir la bonté, M. Dombray-Schmitt, de la communiquer au Congrès.

Elle répondra aux trois premières questions que je lis dans l'*Univers*.

La presse, soit de Paris, soit de province, nous a été très favorable. A Paris le *Petit Journal*, le *Petit Parisien* ; en province, la *France Libre*, le *Salut Public* ; des revues telles que le *Correspondant*, *Les Etudes*, la *Réforme Sociale*, *La Revue Forézienne* ont parlé avec grands éloges de l'œuvre.

Depuis cette année diverses sociétés ou compagnies nous manifestent un intérêt réel :

Le Comptoir d'Escompte s'est inscrit pour une cotisation annuelle de 25 fr.

Les Aciéries de Saint-Etienne pour une cotisation annuelle d'au moins 50 fr., peut-être le conseil d'administration ira-t-il jusqu'à nous allouer 100 fr.

La Compagnie des mines de Mortrambert nous donne à moitié prix tous les bois dont nous avons besoin pour clôre nos terrains.

La Compagnie des Grandes Houillères de Saint-Etienne est, de toutes, la plus généreuse : outre une annuité de 50 francs, elle a mis à ma disposition, dès cette année, plus de 4 hectares de terrain, moyennant une redevance de 5 fr. par an ; de quoi empêcher la prescription.

Elle me presse même d'accepter, toujours aux mêmes conditions, tous les terrains qui seront à ma convenance, dans sa concession. Hélas ! le manque de ressources ne me permet pas d'accepter ; car quoique ces terrains soient de bonne qualité, il faut de l'argent pour les mettre en état.

Dès la fin de cette année, le nombre de nos familles, grâce à la générosité des Grandes Houillères, s'élèvera donc à 500 au moins. Ce seront près de 3,000 personnes assistées.

Demain matin à la Sainte Messe, je prierai tout particulièrement pour le plein succès du Congrès, pour son si sympathique président M. le comte Malval et pour M. Dombray-Schmitt, l'organisateur de ce Congrès.

P. F. VOLPETTE, S. J.

.·.

Etablissement de l'Œuvre.

« Le R. P. Volpette parcourut un jour, dans je ne sais quelle *Revue* (1), un article où il était question d'une œuvre fondée à Sedan sous le nom d'*Œuvre de la reconstitution de la Famille*. Il y était dit qu'avec un maigre budget de 300 francs, quelques âmes charitables avaient fourni à quinze familles ouvrières des parcelles de sol arable et leur avaient ainsi permis de récolter 1.200 francs de légumes. On était alors en 1894, en pleine période d'un rude chômage qui atteignait à la fois les ouvriers mineurs et les passementiers.

Le P. Volpette réussit à louer deux champs, d'une surface totale de 35.000 mètres carrés, pour un loyer annuel de 350 francs. Un jour qu'il exposait le but de son œuvre à un propriétaire du voisinage, celui-ci, tout à la fois ému et intéressé, lui proposa la concession gracieuse d'un champ de 15.000 mètres. Au total, l'œuvre à ses débuts, septembre 1894, disposait donc de cinq hectares.

« Une fois maître de ce terrain, le P. Volpette fit des propositions à ses assistés ordinaires les plus intéressants, c'est-à-dire aux pères de famille chargés d'enfants.

« Ces propositions furent acceptées de tous ceux auxquels elles furent faites, avec un empressement que vous

---

(1) Le *Temps*, numéro du 4 janvier 1895, donna une substantielle analyse du premier rapport publié par Mme Hervieu.

pouvez deviner. En peu de temps, les 49.000 mètres furent partagés entre 100 familles.

« Le budget de la première année se trouva un peu chargé par quelques grosses dépenses de premier établissement. Le lecteur peut en juger par le détail que voici :

Location des champs........	350	fr.
Clôture des champs (en fil de fer)	250	»
Engrais	500	»
Transport de l'engrais.........	400	»
Semences	600	»
Adduction des eaux de la ville.	1.000	»
Instruments..................	300	»
Frais divers.................	100	»
Total.............	3.500	»

« Quel serait l'actif à opposer à cet énorme passif ?

On fit le compte de toutes les récoltes et l'on additionna minutieusement les prix qu'il aurait fallu payer sur le marché pour se procurer à échéances diverses les légumes cueillis, et l'on dut constater que chaque famille avait réalisé par son travail une économie de 60 francs au moins. A raison de cent familles, le produit brut du premier exercice était de 6.000 francs et la dépense totale ne s'élevait qu'à 3.500 fr.

Donc, une aumône de 3.500 francs a produit 6.000 francs ; une aumône de 14 francs par famille a donné 60 francs.

Exercice de *l'année* 1896, addition faite des recettes et des dépenses pour l'entretien de 130 familles et la location des champs de la première et deuxième année :

Dépenses :

Location de tous les champs
(anciens et nouveaux)..... 447 fr.
Achat d'instruments........ 40 »
Clôtures nouvelles.......... 200 »
Transport de l'engrais ...... 406 »
Semences.................. 480 »
Abonnement aux eaux de la
ville .... 180 »
Frais divers............... 278 »

Total .... 2.031 »

Voici maintenant les *recettes :* l'année 1896 a été meilleure que la précédente pour les récoltes. Les légumes cueillis dans chaque jardin ont été estimés à une valeur moyenne de 80 francs, ce qui fait un total de $130 \times 80 =$ 10,400 francs. En d'autres termes, grâce à cette forme d'assistance par le travail, une aumône de 2.031 francs a produit un secours de 10.400 francs.

En 1897 quatre nouveaux champs d'une superficie totale de 65.000 mètres carrés, distribués entre 90 familles nouvelles ont donné lieu à une dépense de 4.000 francs, en comprenant dans cette somme, comme pour l'exercice des deux années précédentes, les frais occasionnés par la location de tous les champs, clôtures nouvelles, abonnement aux eaux de la ville, concession d'instruments, semences, transport de l'engrais, etc. L'année 1897 trop pluvieuse n'a pas donné une bonne récolte. Néanmoins on peut évaluer les légumes cueillis à 16,000 francs. Ce qui revient à dire que cette année-là une aumône de 4.000 francs, multipliée par le travail des assistés, a produit 16.000 francs, soit une somme quadruple.

De l'expérience de ces trois années, on peut donc conclure que chaque famille retire, en moyenne, de 70 à 90 francs de la culture de son terrain. Les familles qui ont construit une maisonnette sur la parcelle de terrain concédé se procurent, en comprenant le prix du loyer, un revenu (1) de 250 à 300 francs au minimum. A l'heure actuelle, une famille modèle qui a cultivé avec le plus grand soin son terrain, a pu, en élevant un cochon, quelques poulets et même des lapins, se faire un bénéfice annuel de 350 à 400 francs. A en croire le Fondateur de l'Œuvre, d'ici à quelques années, nombre de familles assistées pourront atteindre ce résultat, et alors ce sera pour elles presque de l'aisance.

L'année 1898 est à peine commencée et déjà divers terrains représentant une superficie de 60.000 *mètres carrés* ont été loués et partagés entre 140 *familles* nouvelles qui sont en train de s'y installer.

En résumé, après quatre années, l'Œuvre est arrivée à assister 360 familles, représentant plus de 2.000 personnes, (2) par la concession de 18 hectares de terrain, tout cela, moyennant une somme relativement peu con-

---

(1) 10 familles ont bâti ; 5 autres maisons sont en construction.

(2) Septembre 1898. — De nouvelles acquisitions ayant été faites, nos familles sont maintenant au nombre de 410, et le nombre des personnes assistées et de 2,400.

Dépenses de 1898 :

Location	1,649	70
Achat d'instruments	120	»
Clôtures	300	»
Transport d'engrais	900	»
Semences	1,614	»
Abonnement aux eaux de la ville	625	»
Frais divers	650	»
Total	5,918	70

L'année ayant été très sèche, les produits ne s'élèvent guère au dessus de : 17 ou 18,000 fr. Il est vrai que si la pluie survenait enfin, la récolte en choux pourrait être abondante, et nos produits augmenteraient aisément de 5 à 6,000 francs.

sidérable. Nous n'avons parlé jusqu'ici que des résultats matériels de l'Œuvre ; ce ne sont pas les seuls et il convient de dire quelque chose des *avantages moraux* qu'elle présente.

L'aumône n'est pas seulement multipliée, elle est *relevée aux yeux du pauvre*. L'assistance par le travail de la terre, au lieu d'humilier l'ouvrier pauvre, le relève à ses propres yeux.

Le cabaret est déserté. « On ne voit plus vos hommes au cabaret, disait tout récemment quelqu'un au P. Volpette. »

Le travail de la terre développe les *habitudes de prévoyance et d'épargne*. « Pourquoi le cultivateur, avec un gain moindre, est-il plus économe que l'ouvrier de fabrique ou le mineur ? Parce que, au lieu d'avoir un salaire quotidien, il attend toujours son existence d'un avenir incertain : quand il sème, il sait qu'il devra attendre six mois avant de récolter. Il a constamment les yeux fixés sur le lendemain ; à peine la récolte enlevée, avant même d'en avoir touché le prix, on pense déjà à préparer la terre pour les semailles futures (1). »

Le lien de la famille est resserré. « Le dimanche on voit arriver ces nouveaux propriétaires par groupes nombreux. Ils font le tour de leur petite culture, supputant les espérances de la récolte à venir ou s'entretenant des travaux exécutés dans la semaine. Puis on s'assied. La ménagère tire de son panier du pain, du fromage, des fruits, parfois de la viande froide et une bouteille de vin. On dîne gaiement, longuement, de bon appétit. Les langues se délient, mais les conversations n'ont rien de socialiste (2) »

----

(1) Jean Mazodier. Conférence citée.
(2) « Les Jardins Ouvriers de Saint-Etienne », article du R. P. Roure S. J., paru dans les *Etudes* religieuses, philosophiques et littéraires, revue bi-mensuelle, publiée par des Pères de la Compagnie de Jésus, numéro du 15 octobre 1898.

NANTES

D. — Avez-vous dans votre ville des jardins ouvriers ? Date de la fondation. Superficie totale. Nombre de personnes composant les familles assistées.

R. — Fondés en octobre 1892. 11 jardins de 170 à 180 mètres carrés : terrain total, 2,000 mètres compris les allées séparatives. — Personnes assistées : 11 maris, 11 femmes, 2 vieillards, 47 enfants : total 71 personnes.

D. — Comment est organisée votre œuvre ? Règlement. Dépenses annuelles. Terrain gratuit ou contre redevance. Graines, outils et engrais.

R. — Chaque jardin revient environ à 27 francs, location, clôtures et frais généraux. — Les jardins sont concédés à titre gratuit. Nous prêtons quelques outils et ne donnons, jusqu'ici, ni graines ni engrais.

D. — Résultats obtenus tant au point de vue matériel qu'au point de vue moral.

R. — Au point de vue moral : amélioration sous le rapport de la sobriété, du père de famille titulaire de nos jardins. — Comme rendement moyen, je joins un état des produits d'un des jardins, représentant la moyenne.

D. — Etes-vous soutenus par la presse ?

R. — Toute la presse locale reproduit avec bienveillance nos communications.

D. — Etes-vous soutenus par les œuvres d'assistance privée ?

R. — Quelques conférences de Saint-Vincent-de-Paul nous ont alloué au commencement quelques petites subventions.

D. — Etes-vous soutenus par l'assistance publique, ou des subventions de l'administration ?

R. — Pas jusqu'à ce jour : nous espérons pour l'année prochaine l'appui de la municipalité.

G. PUVRARD,
4, Petite rue Saint-Clément.

Nantes.

Produit du jardin confié à M. Richard, manœuvre

Oignons de semis et piquage : 25 boisseaux .	25ᶠ	»
Pommes de terre : 7 boisseaux.............	3	50
120 choux pommes, récolte de mai........	4	»
Salades : 2 récoltes, ensemble 320..........	3	»
Carottes : 3 boisseaux....................		
Poireaux : 450 pieds	5	,
Haricots : 2 kgs par jour pendant 5 semaines	6	»
50 pieds choux verts	2	,
Aulx...............................	0	50
Betteraves	1	,
Fraises	2	,
260 poires et 80 pommes.................	13	»
120 choux pommes : 2ᵉ récolte............	4	»
Récoltes d'hiver, estimées...............	18	»
Total.............	87	»

Les prix indiqués sont ceux de la vente en gros à Nantes cette année.

Nota. — Il existait dans nos jardins des arbres à fruits en espalier dont nous avons bénéficié.

G. PUVRARD.

REIMS

Désireuses de travailler efficacement à la moralisation et au soulagement de la classe ouvrière, les Dames du secrétariat du peuple viennent de fonder et d'organiser à Reims l'œuvre des *Jardins ouvriers*.

Cette œuvre, à la fois moralisatrice et sociale a pour premier *principe* le respect des traditions chrétiennes. Son *but* est d'aider la famille du travailleur à subsister sans recevoir de secours *réguliers*.

Son *esprit* est large, et dans la répartition du bienfait elle demande seulement à celui qu'elle admet s'il est honnête, dans le besoin, et chargé de famille ; elle ne lui pose d'autre condition que de bien cultiver son terrain et d'éviter tout ce qui pourrait nuire au bon renom des ouvriers du groupe.

Son *organisation* se rapproche de celle des Jardins de St-Etienne ; les quelques modifications apportées ont été nécessitées par la différence des milieux et les conditions spéciales de la vie ouvrière en notre ville.

L'œuvre qui a son centre au Secrétariat du peuple partage son action sur plusieurs *groupements parois- siaux.*

L'étendue de la ville et la nécessité de ne pas placer le jardin trop loin de la maison de l'ouvrier ont amené la création de plusieurs centres de culture.

L'œuvre a en ce moment trois terrains dans les trois faubourgs Saint-Remi, Sainte-Geneviève et Saint-Thomas.

Ils sont divisés chacun en 30 ou 25 lots de 3 ares chacun, ce qui donne un total de plus de 60 jardins.

La moitié seulement pourra cette année être mise en culture, mais dès l'année prochaine, si la charité et la générosité des Rémois nous viennent en aide, non-seulement la totalité de nos terrains sera distribuée, mais de nouveaux groupements déjà en projets seront créés spécialement pour le quartier Saint-Benoit.

Les terrains sont mis à la disposition de l'ouvrier pour une durée de *quatre ans*. La première année on lui donne le fumier, les graines et les plants, la seconde le fumier seulement ; la troisième et la quatrième année, on paie simplement la location du terrain.

Vient alors pour l'œuvre la préoccupation de ne pas faire durer le bienfait plus longtemps que la nécessité, afin de pouvoir le reporter sur d'autres infortunes. Cependant, si l'ouvrier s'est attaché à son jardin, il serait fâcheux de lui enlever cet élément d'intérêt et de moralisation. Aussi le Comité, et c'est son vif désir, lui laisse la jouissance de son lot pourvu qu'à partir de cette quatrième année il en paie la location. Cette location, très minime d'ailleurs, se trouvant faite par l'œuvre dans des conditions exceptionnelles, l'ouvrier bénéficie de cet avantage ; l'œuvre ainsi allégée peut étendre et multiplier ses groupements.

Comme résultat social, remarquons que l'ouvrier sort ainsi tout naturellement de cette armée toujours trop nombreuse des assistés, pour devenir personnellement locataire du terrain qu'il n'avait eu jusque là qu'à titre de secours.

Une des préoccupations du secrétariat a été en effet de ne pas faire de son œuvre une superposition à celles déjà si nombreuses à Reims. Au bout de la première année, nos ouvriers devront renoncer à se faire inscrire sur les listes des œuvres qui donnent des secours *réguliers* (Bureau de bienfaisance, Miséricorde, Conférences de St-Vincent de Paul), sans quoi ils renoncent par la même à leur lot de terre.

Chaque groupement paroissial a un conseil composé des chefs des familles qui en font partie. Le conseil prononce l'exclusion des membres indignes et l'admission des membres nouveaux. Ces derniers sont choisis par lui dans la liste proposée par le Comité.

Si dans l'avenir le Comité central recevait un don assez important pour lui permettre d'acheter des terrains, il se réserve d'étudier le moyen de faciliter aux ouvriers l'acquisition de leur lot de terre et la possibilité d'y construire une habitation

Tel est l'ensemble de l'œuvre qui vient de s'organiser.

Les différentes commissions se sont inspirées des DOCUMENTS ci-après, EXTRAITS de la **REVUE DES JARDINS OUVRIERS** du mois d'août 1897 :

BESANÇON

Vous désirez avoir quelques renseignements sur la marche suivie pour créer à Besançon des jardins loués gratuitement aux assistés du Bureau de bienfaisance.

1º Lecture d'un article du *Temps* (septembre 1895) sur l'œuvre fondée par Mme Hervieu, à Sedan, sous le nom de « Reconstitution de la famille ».

2º Renseignements demandés à Mme Hervieu, qui veut bien nous mettre au courant de tout ce qui a été fait dans ce but ;

3º Ces renseignements sont communiqués aussitôt à M. Lazare Picard, Administrateur du Bureau de bienfaisance, qui le soumet au Conseil municipal ;

4º Décision dudit Conseil qui, dans sa séance du

12 mars 1896, loue au Bureau de bienfaisance, au prix de 1 franc par an, 13 hectares de terrain cultivables, très bien situés.

Ces 13 hectares de terrain sont divisés en 106 parcelles, lesquelles sont mises aussitôt à la disposition des familles recommandables, assistées par le Bureau de bienfaisance. Aussitôt mises en culture : les preneurs bénéficient de la récolte de 1896 ;

5° Fin 1896, je mets 2.800 mètres à la disposition dudit Bureau de bienfaisance aux mêmes conditions de location : 1 fr. par an. — Les 28 lots que l'on y trace sont aussitôt cultivés et les travailleurs bénéficieront de la récolte de 1897 ;

6° Le nom de l'ordonnateur du Bureau de bienfaisance est M. Maire, président de Cour ;

BUREAU DE BIENFAISANCE

Le Bureau de bienfaisance de la ville de Besançon est heureux de faire connaître les résultats obtenus dans la création d'une section d'assistés par le travail, en faveur des malheureux.

Grâce au bienveillant concours de la municipalité, du Conseil municipal, un terrain a été loué au Bureau de bienfaisance par la ville de Besançon aux conditions énoncées dans la délibération ci-jointe.

Un avis de la décision prise par la Commission dans sa séance du 21 mars a été porté à la connaissance des intéressés par la voie des journaux. Quelques jours après les premiers lots étaient pris.

Cet essai a parfaitement réussi pour la première année ; aujourd'hui, la presque totalité des parcelles de terre, cédées à une centaine de familles, sont ensemencées. Le Bureau espère augmenter, la campagne prochaine, le nombre des parcelles de terrain.

Lé but recherché est atteint : les familles auront une récolte assurée, due à leur travail et à leur persévérance ; en un mot, cette nouvelle œuvre de bienfaisance produira d'heureux résultats et rendra d'utiles services aux indigents travailleurs.

COGNAC

La Commmission administrative du Bureau de bienfaisance s'est émue de l'extension de la mendicité à Cognac ; elle s'est donc préoccupée des mesures à prendre pour la limiter, en attendant qu'il soit possible de la faire disparaître tout à fait.

L'assistance par le travail lui a paru le moyen le plus efficace pour atteindre ce but ; non seulement on pourrait secourir un plus grand nombre d'infortunés, mais on supprimerait l'aumône directe, toujours un peu humiliante pour celui qui la reçoit, et on permettrait à l'indigent de conserver l'habitude du travail ; il s'en trouverait relevé à ses propres yeux et pourrait retrouver l'énergie nécessaire pour sortir de sa situation.

Les efforts de la Commission administrative seraient peut être impuissants pour assurer le succès de cette utile création, mais elle a pensé qu'elle pouvait compter sur le concours de la charité privée.

Bien des indigents sont secourus sans qu'on sache au juste quelle est leur véritable situation ; beaucoup de maisons ont même organisé depuis longtemps des distributions hebdomadaires où l'aumône est faite sans compter. L'idée est généreuse, mais c'est tout.

Ne pensez-vous pas qu'on obtiendrait peut-être un meilleur résultat en centralisant ces secours de chaque semaine entre les mains du Bureau de bienfaisance et en lui facilitant ainsi l'assistance par le travail.

Si, comme l'espère la Commission administrative du Bureau de bienfaisance, vous partagez sa manière de voir à ce sujet, nous venons vous demander de vouloir bien vous inscrire sur la liste de souscription qui vous sera présentée ultérieurement.

UNE IDÉE

Le matin du Congrès, la lettre ci-après a été adressée à M. Dombray-Schmitt. Celui-ci a soumis à la première commission le projet qu'elle contient. Il a été tenu compte de l'idée donnée dans la rédaction des statuts qui serviront pour tous les groupements de Nancy :

Monsieur,

Je m'intéresse beaucoup à l'Œuvre des Jardins ouvriers de Mme Hervieu, et c'est pour cela que je prends la liberté de vous écrire, à la veille de l'important Congrès, qui tiendra ses séances à la Salle Poirel le 25 septembre.

Permettez-moi de vous suggérer une idée à discuter au Congrès. Je n'ai pas la prétention de vous l'imposer, connaissant trop votre clairvoyance et votre compétence en la matière. Mais comme vous avez demandé maintes fois les réflexions des lecteurs de la *Croix de l'Est*, vous me pardonnerez mon audace.

Voici, Monsieur, où je veux en venir : L'Œuvre des Jardins ouvriers, si j'ai bien interprété les programmes, les brochures, les articles de journaux qui ont passé sous mes yeux, a pour but unique de *donner* des jardins à cultiver aux *pauvres*. C'est bien, c'est très bien ! Le pauvre est si heureux de trouver dans son jardin de quoi entretenir sa famille ; il est si heureux de pouvoir se dire: ce coin de terre est à moi, ces légumes sont à moi !... Et les fleurs, donc ? ces fleurs du pauvre, le grand soleil

jaune et la giroflée, de quels soins il les entoure ! — Mais
à côté des pauvres, qu'il est de notre devoir de secourir,
il est une classe très intéressante, placée entre la bour-
geoisie opulente et l'ouvrier, gens qui possèdent une honnête aisance, demi-rentiers, n'ayant pas assez de fortune
pour posséder une maison à eux, néanmoins vivant assez
au large. A Nancy, cette classe est très nombreuse, se
recrutant parmi les retraités des fonctionnaires, employés
d'administration, officiers ; parmi les anciens négociants,
parmi les vieux domestiques de grande maison. Ces personnes n'ont pas le moyen d'acheter, ni de louer une
maison de campagne. Ils sont obligés de se contenter du
jardin de tout le monde, je veux dire la Plaine du Bon
Dieu : Plateau de Malzéville, Haut-le-Lièvre, Côte de
Vandœuvre, Butte Sainte-Geneviève, etc. Ces personnes
loueraient bien volontiers un petit jardin, si elles en trouvaient un convenable, à bon compte. Mais faute d'en
trouver, elles s'en passent... A qui s'adresser, en effet ?
Il y a bien tous les jours, à la quatrième page des journaux, des annonces de jardins à louer ou à vendre. Mais
ces gens sont trop pratiques pour se laisser prendre à cette
trompeuse amorce. Demander à un cabinet d'affaires, à
un courtier en biens ?... Mais ça coûte, et puis on peut
être trompé !

Si vous vouliez bien, Monsieur, proposer au Congrès
l'idée de mettre à la disposition des personnes aisées de
petits jardins, *moyennant un loyer convenable*, vous
rendriez à bien des gens un service signalé. Soyez-en
sûrs, ces JARDINS DE LA CROIX, comme vous pourriez
les appeler, seraient beaucoup courus. Maintenant, pour
empêcher les difficultés que pourraient susciter des mar-
chands de bien tarés gênés dans leur négoce déloyal, il
serait facile, en confiant ce service à un homme d'affaires
droit et probe, d'écarter toutes les entraves.

Cette idée, que j'ai vu accueillir favorablement par un grand nombre de mes amis à qui je l'ai communiquée, me semble mériter un peu d'attention. Je compte donc, Monsieur, sur la publicité de votre excellente *Croix de l'Est*, en même temps que sur votre parole autorisée, pour la faire aboutir.

Recevez, Monsieur, l'hommage de mes sentiments distingués.

Un ami de la « Croix ».

P.-S. — Remarquez bien que je ne prétends pas vouloir détourner l'œuvre de Mme Hervieu de son but si intéressant : fournir gratuitement aux pauvres des jardins. Je désirerais simplement qu'il y ait à côté de cette œuvre en faveur du pauvre une œuvre connexe en faveur de personnes aisées, se traduisant par la formule : *louer des jardins à bon compte.*

APRÈS LE CONGRÈS

Le Congrès a réussi au-delà de toutes nos espérances ! Merci à tous ceux qui nous ont aidés à préparer le succès.

Maintenant la question de l'assistance par le travail est posée publiquement; elle s'impose à l'attention de tous ceux qui s'intéressent à la reconstitution de la famille, et à l'amélioration du sort des travailleurs.

L'Œuvre des jardins sera d'autant plus chère aux bénéficiaires qu'ils y verront la première étape dans la réalisation du programme si nettement précisé par M. le docteur Lancry.

Pour tous ceux qui l'ont entendu, il est impossible qu'un doute subsiste : le salut de la société est dans le retour des ouvriers vers la terre, cette terre que possédaient leurs ancêtres, et dont ils ont été trop souvent dépouillés par une usure vorace.

L'insaisissabilité du bien de famille est la meilleure digue contre le socialisme !

∴

Actuellement ne regardons plus en arrière, marchons de l'avant et soyons unis.

L'Œuvre des jardins-ouvriers a reçu dans le congrès du 25 septembre sa charte d'affranchissement. Créée sous la tutelle de l'Union catholique, elle lui conserve la reconnaissance que l'on doit à un bienfaiteur ; mais son règlement lui suffit désormais pour se développer et pour agir.

Elle fait donc appel à tous, et espère pouvoir dans un avenir prochain donner à chacun de ses membres *un coin de terre et un foyer.*

Le Comité du Congrès des jardins ouvriers.

TABLE DES MATIÈRES

Nancy-Versailles-Paris, imp. Gérardin, Nicolle et Cⁱᵉ. — C. 2102-03.

Documents manquants (pages, cahiers...)
NF Z 43-120-13

www.ingramcontent.com/pod-product-compliance
Lightning Source LLC
Chambersburg PA
CBHW051554050726
47595CB00002B/777